교육위원회, 무엇이 문제인가

일본 교육위원회제도의 변천과 개혁 논의

이 도서의 국립중앙도서관 출판예정도서목록(CIP)은 서지정보유통지원시스템 홈페이지(http://seoji.nl.go.kr)와
국가자료공동목록시스템(http://www.nl.go.kr/kolisnet)에서 이용하실 수 있습니다.
(CIP제어번호: CIP2015003573)

교육위원회, 무엇이 문제인가

일본 교육위원회제도의 변천과 개혁 논의

신도 무네유키 지음 | 안재헌 옮김

한울
아카데미

KYOIKU IINKAI

by Muneyuki Shindo

ⓒ 2013 by Muneyuki Shindo

First published 2013 by Iwanami Shoten, Publishers, Tokyo.
This Korean edition published 2015
by Hanul Publishing Group, Paju
by arrangement with the proprietor c/o Iwanami Shoten, Publishers, Tokyo

옮긴이의 말

내가 이 책(『教育委員会-何か問題か』)을 접한 것은 책이 출간된 지 얼마 안된 2013년 말, 출장 중에 들른 도쿄의 한 서점에서였다. 그때는 우리나라가 지방선거를 앞두고 교육감 선거제도에 대한 관심이 높아져 있던 때라 마침 이 책이 눈에 띠었다.

우리나라와 일본은 교육제도와 현실에서 유사한 점이 많다. 학제와 의무교육제도, 입시 위주의 교육과 학급 붕괴 현상, 청소년 문제 등이 대표적이다. 지방교육행정제도도 마찬가지이다. 양국 모두 제2차 세계대전 이후 미국 점령정책의 영향으로 지방 단위에서 교육위원회제도를 채택했다.

이 책은 지방분권과 민중 통제 원리에 입각한 일본의 교육위원회제도가 그 이념을 제대로 실현하고 있는지를 집중 분석하고 있다. 일본은 기초교육에 대한 책임과 권한을 지방자치단체에 이양하기 위해 모든 지방자치단체에 교육위원회를 설치했다. 하지만 저자는 매우 집권적인 일본의 정부 시스템하에서 교육위원회가 자치 기능을 상실하고, 중앙정부에 예속되고 있다고 진단한다. 또 일본 교육위원회는 교육의 전문성, 정치적 중립성을 이유로 독립된 행정위원회로 설치·운영되고 있지만 이는 자치행정의 종합적 운영 원리에 반하고 책임성도 모호하다고 지적한다.

　지금 우리나라에서도 지방분권과 자치제도 발전에 관한 논의가 한창이다. 일본 교육위원회제도를 둘러싼 그동안의 비판과 논점을 살펴보고, 우리나라 제도를 연구하는 데 타산지석으로 삼았으면 하는 바람으로 이 번역서를 낸다. 원문을 번역하면서 가급적 저자의 표현을 살리려고 노력했으나 독자의 이해를 돕기 위해서 알기 쉽게 풀어쓴 부분도 없지 않다. 문장이나 단어마다 일일이 옮긴이 주를 달지 않았으나 각 장마다 옮긴이 해설을 실어 우리나라 제도와 비교해볼 수 있도록 했다.

　이 책이 나오기까지 많은 분의 도움을 받았다. 번역 원고를 읽고 조언을 아끼지 않으신 경기개발연구원 이현우 박사와 (사)지역산업발전연구원 이상준 감사, 그리고 편집과 교열에 애써주신 도서출판 한울의 김진경 선생께 감사드린다.

2015년 2월

안재헌

차례

옮긴이의 말 _ 5

제1장 왜 지금 교육위원회가 문제인가 ················· 9

1. 이지메 문제와 교육위원회의 역할 _ 11
2. 교육위원회와 교육 현장 간의 괴리 _ 17
3. 교육위원회 폐지론의 대두 _ 24
4. 수장 대 교육위원회의 대결 구도 _ 33

제2장 교육위원회는 어떤 조직인가 ················· 41

1. 교육위원회의 역할 _ 43
2. 교육위원의 임명 절차 _ 51
3. 엘리트 교원이 지배하는 교육위원회 사무국 _ 62
4. 학교와 교육위원회의 관계 _ 70

제3장 교육위원회제도의 탄생 과정 ················· 83

1. 전후 개혁과 교육의 민주화 _ 85
2. 문부성이 살아남은 이유 _ 93
3. 문부성의 교육 통제 과정 _ 99
4. '지방교육행정법'의 핵심 쟁점 _ 110

제4장 종적 행정계열의 교육위원회 ···················· 121

　　1. 종적 행정 시스템의 확립 _ 123

　　2. 종적 행정계열이 유지되는 이유 _ 137

　　3. 교육행정을 유지하는 논리는 타당한가 _ 144

　　4. 문부과학성과 수장의 이중지배로 황폐해지는 교육 _ 152

제5장 교육을 시민에게 되돌려주는 것이 가능한가 ················ 169

　　1. 시민에 의한 교육을 실현하기 위한 기초 조건 _ 171

　　2. 교육의 정치적 중립성 _ 178

　　3. 종적 행정계열을 폐지하기 위한 방안 _ 182

　　4. 교육위원회를 대신할 시스템 창조 _ 191

　　후기 _ 202

　　참고문헌 _ 205

제1장

왜 지금 교육위원회가 문제인가

1. 이지메 문제와 교육위원회의 역할

교육위원회에 무관심한 현실

도도부현(都道府県)이나 시정촌(市町村)의 행정조직으로 교육위원회라는 행정위원회가 설치되어 있다는 사실을 아는 시민은 몇 명이나 될까? 교육위원회의 존재는 알더라도 누가 교육위원이고, 교육위원회가 교육의 어떤 부분을 담당하며, 어떤 업무를 수행하는지 상세히 아는 사람은 많지 않을 것이다. 학교에서 배부하는 가정통신문도 학교장 이름으로 나오고 교육위원회가 명기되는 경우는 거의 없다. 또 지자체 의회에서는 교육과 관련된 사항이 자주 논의되지만, 언론은 시정촌장이나 지사의 발언만 취급할 뿐 교육위원장이나 교육장 같은 교육위원회 간부의 말은 거의 보도하지 않는다. 지자체의 홍보지 역시 마찬가지이다. 홍보지는 한 달에 3회 정도 발행되는데, 신문의 부록 형태나 역 전단지함, 정내회(일본 지역 주민의 자치적 친목조직으로 우리의 반상회와 유사 _ 옮긴이) 등을 통해 시민에게 배포된다. 이러한 홍보지에 교육위원회의 활동란을 할애하는 것은 아주 예외적인 경우이다. 이는 교육위원회가 총무부나 복지부처럼 수장 직속 조직이 아니라 상대적으로 독립성을 띤 행정위원회이기 때문일 것이다. 그렇지만 교육위원회가 의회처럼 독자적으로 홍보지를 발행하는 것도 아니다.

IT 시대에 부응해 많은 지자체가 홈페이지를 운영하고 있다. 특히 도도부현 교육위원회와 정령지정도시 교육위원회는 교원을 채용하는 인사권을 쥐고 있으므로 홈페이지를 통해 교원채용시험 실시나 교육행정 개요 등을 알린다. 따라서 지자체의 홈페이지에 들어가면 교육위원회의 업무 개요와 정례회 개최 예정일 등 교육위원회의 소식을 쉽게 알 수 있다. 그렇지만 교육위원회의 의사록은 초록으로나마 공개되는 경우도 거의 없다. 정말 관심이 있지 않은 한 지자체의 홈페이지에 매일 들어가는 시민은 극히 드물며, 모든 지자체(시정촌)가 홈페이지에 교육위원회란을 두는 것도 아니다.

방청자가 한 명도 없는 교육위원회 회의

상황이 이러하므로 교육위원회 회의를 방청하는 시민도 거의 없는 것이 현실이다. 2001년 개정된 '지방교육행정의 조직 및 운영에 관한 법률'(이하 '지방교육행정법')에 따르면 교육위원회 회의는 원칙적으로 공개하게 되어 있다. 법률 개정 전에는 회의 공개 여부가 교육위원회의 재량사항이었다. 필자는 법률이 개정되기 전 필자가 거주하는 지자체의 교육위원회 정례회를 방청하러 친구와 함께 간 적이 있다. 직원은 어리둥절한 표정으로 잠시 기다려 달라더니(아마 교육장 또는 위원장에게 의향을 물었을 것이다), 빛바랜 방청 신청 서류에 인적사항을 기입하도록 한 뒤 회의실로 안내하고 의자를 넣어주었다.

그로부터 20년 가까이 지났지만 현실적으로 변화가 생겼을까? 2013년 2월 13일 ≪시나노 마이니치신문(信濃每日新聞)≫은 "63개 시정촌 교위 방청자 전무: 현 내 11년도 공개원칙 회의에서"라는 기사를 1면에 보도했다. 이 기사에 따르면 2011년에 방청자가 참석한 교육위원회는 나가노(長野), 마쓰모토(松本), 이다(飯田), 이나(伊那), 오마치(大町), 지노(茅野), 시오지리(塩尻), 지쿠마(千曲), 아즈미노(安曇野) 등 9개 시와 후지미(富士見) 정을 비롯한 5개 정촌뿐이었다. 나머지 63개 시정촌은 연간 방청자가 한 명도 없었다. 방청자가 참석한 14개 시정촌도 주민의 관심이 높은 편은 아니다. 마쓰모토 시(1.7명)와 이다 시(1.1명)를 제외한 나머지 12개 시정촌 교육위원회 회의 1회당 평균 방청자는 1명 미만이다.

교육행정에서 숨겨진 존재인 교육위원회

교육에 대한 관심이 비교적 높다는 나가노 현이 이러하므로 다른 도도부현의 상황도 비슷할 것이다. 시민들은 교육위원회뿐 아니라 행정조직이나 의회에 대해서도 관심이 낮은데, 그것을 시민 탓으로 돌려서는 안 된다. 이 책을 통해 교육위원회 조직과 운영 실태를 살펴보면 알겠지만, 교육위원회가 시민의 관심을 이끌 만큼 적극적인 활동을 하고 있다고 보기는 어렵다.

취학기 어린이의 학교생활에 대한 시민의 관심은 꽤 높다. 몬스터 페어런트(monster parent: 극성 학부모)라는 말의 시비는 차치하더라도, 대개의 학부모는 자신이 바라는 점이나 불만을 학교의 담임이나 교장에게 전할 뿐, 교육위원회에 직접 전하는 경우는 드물다. 교원과 교장 역시 교육위원회의 영향 아래 있다고는 하지만 교육위원회는 학교를 방패 삼아 교육행정에서 숨겨진 존재처럼 행동한다. 시민에게 얼굴을 보이지 않는 교육위원회를 과연 교육행정의 책임 주체라고 할 수 있을까? 이런 의문을 키운 것이 2011년에 발생한 오쓰(大津) 시 이지메 자살사건이다.

오쓰 시 이지메 자살사건

학교에서 발생하는 이지메 사건이나, 학생 사이 또는 교원에 의해 발생하는 폭력과 관련된 보도가 신문의 사회면에 매일같이 등장한다. 『헤이세이 24년판 문부과학백서(平成二四年版 文部科学白書)』(2013년 7월)에 따르면, 2011년에 전국의 국립·공립·사립 초등학교부터 고등학교·특별지원학교까지 이지메를 인지한 건수는 통틀어 약 7만 건이고, 이지메를 인지한 학교 수는 약 1만 5000곳으로 전체 학교 수의 약 38%였다. 그렇지만 이 수치는 인지 건수이므로 반드시 실태를 나타내는 것은 아니다.

이런 가운데 2011년 10월 시가(滋賀) 현 오쓰 시에서 중학교 2학년 남학생이 이지메로 괴로워하다 자살한 사건이 발생했다. 이 사건도 학생이 자살한 직후 바로 크게 보도된 것은 아니었다. 이지메로 인한 자살이 아닐까라는 의문을 품은 부모가 학교 측에 조사를 요구했지만 쉽게 결말이 나지 않았고, 이에 부모는 가해자로 지목받은 동급생과 그의 부모, 오쓰 시를 상대로 2012년 2월 오쓰 시 지방법원에 손해배상청구소송을 제기했다. 시교육위원회가 이 소송에 전면적으로 대응할 자세를 갖추자 이를 계기로 이지메 사건의 조사가 거듭 보도되었다. 그러자 오쓰 시의 코시 나오미(越直美) 시장은 교육위원회나 학교의 대응을 비판하면서 이지메 자살사건의 진상을 밝히기 위해 제3자위원회를 발족시켰다. 제3자위원회는 학생의 자살이 이지메 때문인 것으로 결론지었다.

이 사건으로 시교육위원회나 학교가 사건의 중대성을 전혀 인식하지 못했다는 사실이 여실히 드러났다. 오쓰 시교육위원회는 학생의 자살 이후 두 번에 걸쳐 전교생을 대상으로 설문 조사를 실시했다. 학생들의 설문 조사에는 자살연습 등을 강요하는 가해 학생의 모습이 그려져 있었다. 그러나 교육위원회는 두 번의 설문 조사 내용을 세밀히 분석해 학교 현장을 철저히 조사하도록 지시하지 않았을 뿐 아니라 가정 내의 폭력이 자살의 원인이라고 결론지으며 이지메 사실 자체를 은폐하려 했다. 학교 역시 교육위원회의 설문 조사 결과를 자체적으로 분석하려는 태도를 보이지 않았다.

이지메 자살사건에 소극적으로 대응한 이유

오쓰 시교육위원회와 학교의 소극적인 대응에 비판이 집중된 것은 당연한 일이다. 그렇지만 이 사건이 오쓰 시교육위원회 한 곳만의 문제로 처리되어서는 안 된다. 오쓰 시교육위원회가 이처럼 소극적으로 대응한 것은 교육 가운데서도 특히 학교교육의 참모습을 책임지고 있는 교육위원회의 조직 구조 때문이라고 할 수 있다.

뒤에서 자세히 논하겠지만, 교육위원은 비상근직이어서 정례적인 교육위원회 회의는 월 1회 2시간 정도 개최될 뿐이다. 교육위원회라는 행정위원회를 관할하는 곳은 교육위원회의 사무국이며, 이 사무국의 장은 교육장이다.

지자체 규모에 따라 다르겠지만, 시정촌 청사의 교육위원회를 방문하면 교육장에게는 개인 집무실이 제공되는 반면 교육위원회의 장인 교육위원장은 큰 회의실을 같이 쓰는 경우가 허다하다. 게다가 교육위원회 사무국(도도부현에서는 교육청이라 칭함) 간부는 대부분 교원으로, 이들은 엘리트 교원으로 일컬어지는 사람들이다. 따라서 교원이라고 불리는 전문직이기 때문에 나름의 커뮤니티가 교육위원회 사무국뿐 아니라 학교까지 포함하여 만들어지기 십상이다.

물론 이지메 문제의 요인과 배경은 단순하지 않다. 그렇지만 필자는 오쓰 시뿐만 아니라 많은 지자체가 최근 이지메 사건에 소극적으로 대응하는 배경에는 2000년대 들어 유행하는 학구의 자유화(학교선택제)가 있다고 생각한다.

학교선택제 도입으로 가열된 학교 간 경쟁

2000년에 제1차 지방분권개혁이 단행된 이후 초등학교·중학교의 학구편제가 대폭 자유화되었다. 이를 전후로 학교 간 경쟁을 통해 교육 수준을 높이려는 움직임이 활발해졌다. 2003년에는 문부과학성 초등·중등교육국장 통지로 학구편제에 시정촌 교육위원회의 권한을 확대했을 뿐만 아니라 '학교교육법시행규칙'(정령)을 개정해서 학교선택제를 도입했다. 말하자면 사립학교 간 경쟁과 같은 시장원리를 공교육에 도입한 것이다. 오쓰 시도 예외가 아니어서 학구의 자유화를 시행했다.

현재 교원들은 스스로를 '세일즈맨'이라고 자조적으로 부른다. 취학 예정 아동이 있는 가정을 방문해서 자교로 오도록 권하는 활동에 내몰리고 있기 때문이다. 또 교장이나 교원은 학교의 평판에 신경을 쓰는 한편, 교내가 안전하고 평온한 것처럼 가장해야 한다. 이지메가 빈번하다는 나쁜 평판은 금물이어서 학생 간의 이지메나 폭력에 미온적으로 대처하기 쉽다.

그러나 이는 각 학교나 교원의 책임만은 아니다. 학구편제의 권한을 갖고 있는 곳은 시정촌 교육위원회이다. 게다가 시정촌 교육위원회는 상급기관인 도도부현 교육위원회의 영향하에 있고, 도도부현 교육위원회의 배후에는 문부과학성이 있다. 이 교육행정의 종적 조직 구조는 추후 상세히 논하기로 한다. 결론적으로 말하자면 시정촌 교육위원회는 위원회로서 학구 자유화의 실태를 정확하게 조사하는 것이 아니라 학구자유화를 시대의 흐름 정도로 여기고 있는 셈이다.

2013년 1월 제2차 아베 신조(安倍晋三) 내각은 발족하자마자 교육재생실행회의를 출범시켰다. 교육재생실행회의는 이지메 문제를 의제로 삼는 한편, 제1차 아베 내각 시대의 교육재생회의 보고와 마찬가지로 도덕 과목을 교육과정화하는 것을 과제로 내세웠다. 아이들에게 사회생활의 규칙을 학습시키는 것은 매우 중요하다. 하지만 도덕 과목처럼 내면에 관한 내용을 상대평가하기란 불가능하기 때문에 도덕 과목은 성적으로 판정해서는 안 된다.

일반적으로 도덕의 교과화를 통해 특정 덕목에 따른 행동을 학생에게 강요하면 이를 둘러싼 새로운 이지메의 불씨가 만들어지기 쉬우므로 이는 이지메 문제에 대한 대응으로 적절하지 않다. 중요한 점은 학생의 학교생활에 책임을 지는 교육행정조직의 구조이자 행동이다.

2. 교육위원회와 교육 현장 간의 괴리

도도부현 및 시정촌 교육위원회의 구조와 권한

앞에서 살펴봤듯이 오쓰 시 이지메 자살사건에서 시교육위원회나 학교는 소극적인 대응을 보였다. 공립 초등학교·중학교의 운영 책임은 시정촌에 있기 때문에 시정촌 교육위원회가 일차적인 책임을 지는 것이 당연하다. 그러나 교육 현장에서 도도부현 교육위원회가 실제로 수행하는 역할에 주목할 필요가 있다.

도도부현 교육위원회는 원칙상 5명의 위원(조례에 따라 6명 이상도 가능)으로 구성하도록 되어 있다. 교육위원회는 지사로부터 상대적으로 독립된 행정위원회로, 도도부현 교육위원회를 책임지고 관리하는 곳은 교육장이 수장인 교육청의 사무국이다. 교육장은 교육위원 가운데 한 명이지만 상근하는 일반직이며, 이는 시정촌 교육위원회의 교육장도 마찬가지이다. 도도부현 교육위원회와 교육청의 권한 가운데 가장 큰 권한은 교원에 대한 인사권이다.

시정촌립의 초등학교와 중학교에 근무하는 교원은 시정촌 소속이지만 교원의 채용·징계 같은 인사권은 도도부현 교육위원회가 갖는다(단, 정령지정도시는 자체적으로 교원의 인사권을 가짐). 또 '현비 부담 교직원'이라는 말에서 알 수 있듯, 교직원의 급여는 도도부현에서 지출된다. 하지만 도도부현이 전액을 부담하는 것은 아니며, 국가가 1/3, 도도부현이 2/3를 부담한다. 교원인사권을 갖는 정령지정도시도 도부현과 국가가 함께 교원 급여를 부담한다.

제4장에서 자세히 살펴보겠지만 2000년에 단행된 제1차 지방분권개혁에 따라 시정촌 교육위원회에 대한 도도부현 교육위원회의 감독 권한이 축소되었다. 그렇지만 도도부현 교육위원회는 교직원의 인사권을 갖고 있으므로 교원의 관리나 평가, 그리고 이를 바탕으로 한 학교의 관리에서 시정촌 교육위원회나 학교에 실질적인 영향력을 갖는다. 앞에서 시정촌 교육위원회는 시민에게 얼굴을 잘 드러내지 않는다고 했는데, 도도부현 교육위원

회는 시민에게 거의 보이지 않는 존재라고 할 수 있다.

여유교육 실시와 지도력 부족 교원에 대한 대처

초등학교의 학급 담임이나 중학교의 교과목을 담당하는 교원은 수업 준비 외에 학생의 생활지도, 성적 평가, 과외의 그룹 활동 지도, 학부모와 상담과 면담 등의 업무를 수행하므로 노동강도가 상당히 높은 편이다. '학교교육 수준의 유지 향상을 위한 의무교육 제 학교교육 직원의 인재확보에 관한 특별조치법'(약칭 '인재확보법')(1974)에는 공립학교 교원의 급여가 행정직원보다 높게 책정되어 있지만 '국립 및 공립의 의무교육 제 학교의 교육직원의 급여 등에 관한 특별조치법'(1971)에 따라 교원에게는 시간외수당이 지급되지 않는다. 하지만 초등학교와 중학교에 근무하는 교원은 대부분 학교의 업무를 집에까지 가지고 가서 처리하는 것이 현실이다.

그런데 1999년 문부성은 전년도 개정 학습지도요령의 고시를 기본으로 '새로운 학습지도요령으로 학교는 변합니다'라는 팸플릿을 도도부현 교육위원회를 통해 학부모에게 배포했다. 이른바 '여유교육', '종합학습'의 시작이었다. 오늘날 재차 전환되긴 했지만 완전한 주 5일제가 말해주듯이 여유교육을 통해 어린이에게는 학습시간의 여유가 확대되었을 수도 있다. 그러나 문부성은 여유교육을 실시한다면서도 교원에게는 어린이들이 기초·기본을 확실히 익히도록 지도할 것을 요구했다. 여유교육을 통해 주입식 교육이라는 사회 비판에 대응하는 한편, 학력 저하라는 비판을 피하려 한 것이다.

여유교육의 실시를 시작으로 이른바 '지도력 부족 교원'이라는 말이 점차 일반화되었다. 2000년부터 도도부현 교육위원회는 지도 지침과 평가 기준을 작성하고 교육 활동에 대한 조사를 실시할 것을 시정촌 교육위원회에 요구했다. 이후 문부과학성은 자기평가 기준 및 학습지도평가 기준을 상세히 명시한 통지를 계속해서 도도부현 교육위원회를 통해 시정촌 교육위원회에 전달했다. 또 2002년에는 지도력 부족 교원을 엄격히 지도하도록 도도부현 교육위원회에 요구했다. 이 지시를 받아 도도부현 교육청은 관리부와 지도부를 중심으로 판정 매뉴얼을 작성하고 인사상의 처리 방법 (예를 들면 교육센터 등에서 연수를 받음)을 정리해서 시정촌 교육위원회에 통지했다.

이 때문에 교원에게 일주일간의 수업계획을 교장에게 제출하여 승인을 받도록 요구하거나, 교장과 교육위원회 사무국의 지도주임(나중에 상세히 논한다)이 아무 예고 없이 수업 중에 평가표를 갖고 들어가 수업을 평가하는 일이 일반화되었다. 일찍이 가마다 사토시(鎌田慧)는 『교육공장의 어린이들(敎育工場の子どもたち)』(岩波書店, 1984)을 통해 학생의 자유가 없어진 관리교육의 실태를 예리하게 파헤쳤다. 그렇지만 이제는 교원도 관리교육의 대상이 되었다고 할 수 있다.

여유교육을 계기로 지도력 부족 교원을 엄격히 조치하게 된 분위기는 여유교육 자체가 부정되는 오늘날에도 사라지지 않았다. 오히려 학력 향상이 강조되는 만큼 지도력 부족 교원에 대한 조치가 한층 더 가혹해졌다. 이 때문에 교원의 정신적인 스트레스는 교육 현장에서 큰 문제가 되고 있다.

지도력 부족을 무엇으로 판단할지는 초등학교·중학교 같은 기초교육 수준에서뿐만 아니라 대학·대학원에서도 쉽게 답을 구하기 어려운 문제이다. 하지만 지도력이 상의하달식으로 판정될 뿐, 발달 중인 학생 및 교원의 의사를 제대로 취합하여 판단되지 않는다는 것만은 분명한 사실이다. 문부과학성 초등·중등교육국이 특정한 교원상(敎員象)을 지시하면 '도도부현 교육위원회 - 시정촌 교육위원회 - 학교장' 순으로 하달되어 지자체 교육기관이 이러한 지시에 따르는 것이다.

앞서 말한 학구의 자유화, 즉 학교선택제도 같은 방식으로 진행되었다. 그러나 이러한 방식으로는 학생의 감수성이나 다양한 가정환경을 고려해 교육하려는 교원의 사기가 저하되고 능력 개발 의욕이 상실된다. 학교 바깥에서 학생의 흥미를 이끌어내 사회과나 이과의 학습을 즐겁게 실시한다는 것은 아예 논외가 되어버렸다. 교원은 내면적으로는 갈등하면서도 그저 평온하게 직장생활을 하는 데 안주할 뿐이다.

이런 사태는 일부 교육학자가 문제를 제기하는 것처럼 '지방교육행정법'이 교육위원회의 권한을 제약하는 데서 비롯된 것은 아닐까? 또는 문부과학성이 도도부현 교육위원회, 시정촌 교육위원회라는 폐쇄적인 행정계열을 만들어서 상의(上意)를 맹목적으로 따르도록 한 데서 나타난 것은 아닐까? 이 종적 행정계열의 폐해는 이 책에서 반복적으로 지적하는 교육위원회제도의 근본적인 문제 가운데 하나이다.

교육위원회와 교육위원회 사무국의 관계

지금까지 교육위원회를 중심으로 교육위원회와 교육 현장의 관계를 설명했다. 제도상으로 보면 교육위원회라는 행정위원회는 교육행정의 책임주체이다. 그런데 앞서 말했듯이 교육위원회는 비상근 교육위원으로 구성된 행정위원회이다. 실제로 교육위원회의 일을 책임지고 관리하는 곳은 도도부현 교육청과 시정촌 교육위원회 사무국이다.

일반적으로 생각하면 비상근이라도 교육위원이 위원회에서 논의를 거듭한 뒤 사무국에 지시를 할 것 같지만, 실상은 다르다. 위원회의 권한에 대해서는 교육위원의 임명 방식 등을 포함해 뒤에서 상세히 논하겠지만, 교육위원회의 이름으로 발행되는 각종 통지나 가이드라인을 작성하는 곳은 교육위원회 사무국이다.

행정위원회와 사무국의 관계를 일반적으로 말하면, 사무국은 위원회의 보좌·보조 기능을 맡는다. 그리고 위원회는 특정한 문제를 해결하기 위한 원안 작성을 사무국에 지시하고, 그 원안을 심의하고 의사결정하는 일을 담당한다. 때로는 사무국이 특정 문제의 해결 방안을 능동적으로 수립한 뒤 위원회에 제출하기도 한다.

그런데 교육위원회에서는 행정위원회와 사무국의 관계가 반대로 된 듯하다. 물론 교육위원회의 사무국이 교육위원회에 자문하지 않고 위원회의 의사를 공식적으로 결정하지는 않지만, 실제로는 사무국이 업무를 주도한다. 이는 교육위원이 비상근 위원이기 때문이다. 이처럼 교육청 및 시정촌 교육위원회 사무국의 실질적 권한이 큰 것은 교육위원회제도의 또 다른 근본적인 문제라고 할 수 있다(〈그림 1-1〉 참조).

도도부현과 시정촌의 교육장은 교육위원이지만 일반직(상근직)이다. 교육장을 포함해 사무국의 간부직원은 앞에서도 말했듯이 지자체의 엘리트 교원으로 지목받은 사람들이다. 이런 사람들로 구성된 교육위원회 사무국은 전문직으로 일반 교원에게 큰 영향력을 끼친다. 또 교원이라는 전문직 신분이므로 문부과학성의 소관부국 관료와도 긴밀한 관계를 갖는다.

실제로 전국도도부현교육위원회연합회라는 단체의 사무실은 도쿄(東京)

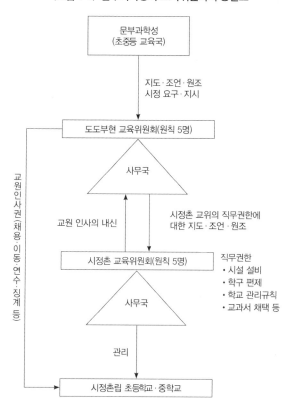

〈그림 1-1〉 문부과학성과 교육위원회의 상관도

도 도라노몬(虎ノ門)에 위치한 문부과학성과 가깝다. 한편 연합회에는 전국도도부현교육장협의회라는 조직이 만들어져 있으며, 이 협의회는 문부과학성 관료와 정기적으로 협의를 한다.

교육위원회라고 포괄적으로 칭하긴 하지만 교육위원회가 사무국 지배를 허락한 결과 교육 현장과의 괴리, 즉 학생과 학부모, 일선 교원이 처한 상황을 인식하지 못하게 만들고 교육 현장에서 하는 노력이나 고뇌와는 동떨어진 교육행정을 가져온 것이 아닐까? 교육, 나아가 교육행정의 참모습에는 실로 다양한 사고가 복잡하게 얽혀 있다. 그러므로 문부과학성에서 시작해 지역 학교까지 이르는 폐쇄적인 행정 구조에 의문과 비판이 제기되는 것은 당연한 일이다.

3. 교육위원회 폐지론의 대두

제1차 지방분권개혁의 영향

학생이 이지메로 괴로워하다 자살하는 사건은 비단 최근의 일이 아니다. 이런 비극적인 사건은 훨씬 이전부터 반복되었다. 이뿐 아니라 학교 폭력이나 등교 거부, 학생의 은둔 생활도 빈번히 일어나고 있다. 이 같은 현상을 전부 학교나 교육위원회의 책임으로 돌릴 수는 없다. 그렇지만 학교나 교육위원회가 그간 비극적인 사건과 문제로 인식되는 학교 실상에 적극적으로 대처해서 일을 처리하지 않은 것은 사실이다. 게다가 지사, 시정촌장은 의회의 동의를 얻어 교육위원을 임명하고 있지만 임명권자인 그들이 교육위원회에 의견을 제시한 적은 없다. 이런 의미에서 오쓰 시의 코시 시장이 이지메 사건의 진상을 밝혀내기 위해 조사위원회를 구성한 것은 이전에는 생각지 못한 대응이었다.

그런데 2000년에 제1차 지방분권개혁이 단행되면서 교육위원회에 대한 지자체 수장들의 의식이 바뀌었다. 이 개혁으로 전후 일본의 지방제도에서 민주개혁의 미완성으로 상징되던 기관위임사무제도를 폐지한 데서 알 수 있듯이, 법제도를 통해 지자체와 중앙정부를 대등한 관계로 개선했다.

기관위임사무제도란 법률 또는 정령으로 개별 사무마다 지사나 시정촌장, 지자체의 행정위원회를 주무대신(장관)의 지방기관으로 취급해서 주무대신(실제로는 각 성 관료기구)의 지휘명령 아래 사무를 처리하는 제도이다. 따라서 지사나 시정촌장은 시민의 직접선거로 선출된 정치적 대표기관임에도 기관위임사무를 처리할 때는 중앙 각 성의 하급기관으로 취급되었다. 이처럼 대단히 모순적인 제도가 2000년 4월에 전면 폐지되었다.

그 결과 수장과 행정위원회, 각 성 대신의 법률상 관계가 주종 관계에서 대등한 관계로 개선되었다. 이는 다른 관점에서 보면 직접선거라는 정치적 대표성과 정당성(正當性)을 갖는 수장의 리더십을 지자체 행정의 전반에 걸쳐 확립하려 한 것이다. 물론 제1차 지방분권개혁이 지자체의 행정에 어떻게 수용되어 어떠한 변화를 촉진하고 있는가는 별도로 연구가 필요할 만큼 많은 과제를 남기고 있다.

어쨌든 지자체 수장들은 이 개혁을 계기로 '지역 자립' 또는 '자기결정 시대'라는 말을 자주 사용하면서 중앙 각 성으로부터 지자체의 자립을 강조했다. 그리고 지역사회의 관심사인 학생의 교육에 자신들이 리더십을 발휘하기 어렵다는 것을 문제시했다. 수장이 교육 정책의 중요한 사항에 관여할 수 없는 것은 물론이고 제1차 지방분권개혁이 단행되었음에도 교육위원회의 설치를 의무화하고 있기 때문이었다[법령에 따라 지자체에 특정의 행정조직이나 직위의 설치를 의무화하는 것을 필치규제(必置規制: 법령에 따라 행정조직이나 직 등의 설치의무를 부과하는 것)라고 한다]. 결국 교육위원회가 과연 필요한가라는 문제의식이 대두했다.

사실 필자는 교육의 황폐가 사회적으로 논란이 되는 가운데 이와나미쇼텐(岩波書店) 편집부가 편집한 『교육을 어떻게 하나(教育をどうする)』(岩波

書店, 1997)라는 책에「교육위원회는 필요한가」라는 단문을 기고한 적이 있다. 이 글에서 필자는 직선으로 선출된 수장이 학생의 교육에 관여하지 못하므로 문부성을 정점으로 해서 하달되는 교육행정제도를 폐지해야 한다고 주장했다. 이 때문에 당시 일부 교육행정학자에게 비판을 받았으나 지자체 관계자들은 아무 반응도 보이지 않았다.

지자체 수장들의 교육위원회 비판

2001년 2월 전국시장회는「학교교육과 지역사회의 연대강화에 대한 의견: 분권형 교육의 추진과 교육위원회 역할의 재평가」라는 제목의 의견서를 정부에 제출했다. 이 의견서에서는 제1차 지방분권개혁의 진전을 전제로 지역사회의 발상을 살리는 교육 시스템을 만들기 위해 교육 내용이나 교직원 인사에 대한 수장의 권한을 강화해야 한다고 주장하고, 교육위원회 제도의 재검토를 제기했다. 하지만 교육위원회의 구체적인 미래상을 제시하지는 않았다.

전국시장회가 이 같은 의견서를 내기 전에 제1차 지방분권개혁 이후 일찍이 교육위원회제도의 폐지를 제기한 사람이 있었다. 바로 시마네(島根) 현 이즈모(出雲) 시 시장이던 니시오 마사히로(西尾理弘)였다. 문부성의 간부후보생 관료 경력이 있는 그는 시장 취임 초기부터 '지방교육행정법'을 개정해서 수장이 교육행정 전반을 담당하고, 교육위원회는 수장의 자문위원회 기능을 담당해야 한다고 수시로 문제를 제기했다. 또 전국시장회의에서도 교육위원회제도 폐지 발언을 거듭했다.

그는 자신의 지론을 실현하기 위한 첫걸음으로 2001년 4월 학교교육 분야를 제외한 교육위원회 사무국의 부국(주로 평생교육·문화·스포츠 부문)을 시장의 직속 부국으로 이관했다. 이에 대해 문부과학성의 뜻을 받은 것으로 추정되는 당시 시마네 현교육위원회는 니시오 시장의 행동을 '지방교육행정법'에 반한다며 혹독하게 비판했다. 그렇지만 시민학습 지원과 스포츠, 레크리에이션 등의 사업은 실제로 시장부국의 각 과에서 실시되고 있었으며 오히려 통합하는 쪽이 합리적이고 효율적이라는 여론이 우세해 현교육위원회도 그 이상의 비판을 삼갔다.

지자체의 교육위원회를 개혁하려는 움직임은 이것으로 끝이 아니었다. 2000년 10월, 후쿠시마(福島) 현 미하루(三春) 정은 교육위원회 사무국의 수장인 교육장을 일반 공모로 선출했다. 오이타(大分) 시도 2000년 6월 시교육위원회가 교육장을 선임할 때 시장의 의견을 구하도록 조례를 제정했다. 이는 모두 앞에서 말한 국가로부터의 상의하달형 교육행정제도에서 수장의 영향력을 높이기 위한 시도였다.

앞서 언급한 전국시장회의 의견서는 니시오 시장의 거듭되는 발언을 계기로 작성되었으며, 시장들에게 교육위원회제도를 개혁하려는 기운을 북돋아주었다.

제27차 지방제도조사회의 답신

교육위원회 사무로 규정된 평생교육·스포츠·문화 등의 부문을 수장부국으로 이관하는 움직임에 문부과학성 측도 타협할 수밖에 없었다. 2005년 10월 문부과학상의 자문기관인 중앙교육심의회(이하 중교심)는 「새로운 시대의 의무교육을 창조한다」라는 제목의 답신에서 다음과 같이 밝혔다. "교육위원회는 학교교육을 비롯해 폭넓은 사무를 맡고 있지만, 타 행정 분야와의 연대 필요성 및 정치적 중립성 확보의 필요성 등을 감안하면서 수장과 교육위원회 간의 권한 분담을 되도록 강화해가는 것이 좋다. 이를 위해 교육위원회의 소관 사무 중 문화(문화재 보호 제외)·스포츠·평생교육의 지원에 관한 사무(학교교육·사회교육에 관한 사무는 제외)는 지방자치단체의 판단에 따라 수장이 담당하도록 하는 것이 바람직하다."

그러나 이 중교심 답신에서는 교육위원회제도 자체는 전 지자체에 설치하는 등 현재의 기본 구조를 유지하는 것이 바람직하다고 밝혔다. 근간은 양보하지 않겠다는 중교심의 이 같은 자세는 문부과학성의 입장에서 보면 당연한 일이다. 하지만 교육위원회제도의 발본적인 개혁을 바라는 답신이 같은 정부 내의 다른 자문기관에 의해 거의 같은 시기에 제출되었다.

수상의 자문기관으로 지방제도조사회가 있다. 지방제도조사회는 '지방제도조사회 설치법'에 따라 1952년부터 설치되었다. 위원의 임기는 당초 1년이었다가 2년으로 바뀌었으며, 임기마다 '제○차 지방제도조사회'라고 대외적으로 불린다. 지방제도조사회의 자문사항은 그때마다 다르지만, 크게 분류하면 중앙과 지방에 걸친 지방제도의 이상적인 모습, 행정·재정 제도, 자치단체의 조직과 운영 형태 등이다.

제27차 지방제도조사회[(회장 모로이 겐(諸井虔)]는 2005년 12월 「지방의 자주성·자율성 확대 및 지방의회의 참모습」이라는 답신을 고이즈미 준이치로(小泉純一郞) 총리에게 제출했다. 이 답신은 2000년 단행된 제1차 지방분권개혁을 근거로 작성한 것이다. 이 답신에서는 기본적으로 지자체 톱매니지먼트의 참모습이나 의회개혁 방향을 논했지만, 이와 관련해서 지자체 행정위원회도 문제 삼았다.

행정위원회는 전후 개혁을 실시하는 동안 중앙정부와 지자체 모두에 다수 설치되었지만, 중앙정부의 행정위원회는 대거 폐지되거나 심의회로 바뀌었다. 그러나 지자체의 행정위원회는 지금까지 유지되고 있다. 답신에서는 이 상황에 대해, "준사법적 기능을 갖는 기관을 별도로 하면, 전후 60년에 걸쳐 사회경제 정세가 크게 변화했으므로 제도 창설 시와 같은 필요성이 전 기관에 존속한다고는 볼 수 없는 상황에 이르렀다"라고 지적했다. 또 직선으로 선출된 수장이 책임을 져야 하는데도 책임이 주어지지 못하는 행정 분야의 상황을 개선함으로써 지자체 행정을 종합적·효율적으로 운영하도록 논의할 필요가 있다고 제안했다. 이러한 인식하에 답신이 우선적으로 문제 삼은 것이 교육위원회제도였다.

교육위원회 개혁과 관련된 답신

답신 중 교육위원회 개혁과 관련된 요점은 다음 세 가지였다.

첫째, 지자체에 교육위원회를 설치해야 하는 이유로 교육위원회가 정치적 중립성을 확보하고 지역 주민의 의사를 반영할 수 있다는 사실을 드는데, 이는 교육행정에만 국한된 것이 아니다. 지역 주민의 의사를 반영하는 일은 오히려 직선으로 선출된 수장이 더 잘할 수 있다. 따라서 교육위원회를 설치해 교육에 대한 사무를 보게 할지, 교육위원회를 설치하지 않고 수장이 직접 교육행정을 담당할지는 지자체의 선택에 맡기는 것이 타당하다.

둘째, 공립 초등학교·중학교·고등학교의 학교교육 사무 외에 문화·스포츠·평생교육·유치원 등의 사무는 지자체의 판단에 따라 수장 또는 교육위원회가 관장할 수 있도록 선택을 폭넓게 인정해야 한다.

셋째, 초등학교·중학교 교직원의 인사권은 적어도 중핵시(인구 30만 명 이상인 도시)에 이양하는 것이 타당하다. 단, 인사권을 이양할 때는 광역적으로 일정 수준의 인재를 확보하도록 충분히 배려해야 한다.

이처럼 지방제도조사회는 교육위원회 설치를 지자체의 선택제로 바꾸어야 한다고 답신했다. 그리고 앞서 교육위원회제도에 대한 의견을 낸 전국시장회는 전국정촌회와 공동으로 2006년 6월「교육위원회제도의 선택제 도입에 관한 요망서」를 총리에게 제출했다. 이 요망서에서는 "공립학교 시설 정비를 비롯해 지방 행정 전반에 책임이 있는 지자체 장의 의사가 교육행정에도 일체적으로 반영될 수 있도록 필치규제를 완화하고, 지방교육행정을 교육위원회를 설치해서 실시하든지 장의 책임 아래 실시하든지 선택 가능한 제도로 바꾸기를 강력하게 희망한다"라는 내용이 들어 있다.

교육위원회제도 선택제 도입 논의가 일으킨 파문

교육위원회제도 선택제의 도입은 당시 고이즈미 정권도 지지하는 상황이었다. 고이즈미 정권은 2006년 7월에 각의로 결정한 '경제재정 운영과 구조개혁에 관한 기본방침[호네부토(骨太) 방침] 2006'에서 교육위원회제도의 개혁을 제시했다.

이 방침에서는 "교육위원회제도가 기능을 다하고 있지 않다는 지적을 받은 것을 근거로 교육의 정치적 중립성을 확보하는 데 유의하면서 시정촌 교육위원회의 권한(예를 들면 학교 시설의 정비와 관리 권한, 문화와 스포츠에 관한 사무권한 등)을 수장에게 이양하는 특구를 시험적으로 운영함과 동시에 교육행정의 구조 및 교육위원회제도의 발본적인 개혁을 진행함으로써 빠른 시일 내에 결론을 낸다"라고 제시했다. 또 이 방침을 받은 정권 차원의 규제개혁 및 민간개방추진회의는 교육위원회의 필치규제를 철폐하고 수장의 책임하에 교육행정이 이루어지도록 교육위원회를 지자체의 선택에 맡겨야 한다고 주장했다.

지방제도조사회의 답신으로 시작된 교육위원회제도 선택제에 대한 제안은 정권의 중추로 파급되었다. 이 선택제가 제도화된다면 문부과학성을 정점으로 한 전문직의 폐쇄적인 연쇄 고리가 끊어져 문부과학성이 지자체 교육위원회를 획일적으로 지도할 수 없을 것이다. 그러니 문부과학성 측이 이러한 교육위원회 선택제를 받아들일 리 없었다.

앞서 말한 중교심 답신에 추가해서 전국도도부현교육장협의회는 2006년 12월 교육위원회의 설치를 선택제로 바꾸는 것은 교육행정의 중립성이나 지속성, 안정성의 관점에서 신중한 대응이 필요하다며 반대론을 전개했다. 또 초등학교·중학교 교직원의 인사권을 중핵시로 이양하는 문제도 교육 수준의 격차나 인사 관계 사무에서 규모의 단점(scale demerit)을 이유로 비판적인 자세를 취했다.

교육위원회 폐지의 내용이 문제

지자체의 수장이 교육행정에 대한 권한을 강화하겠다고 천명해도 그것이 어떤 의미이고 교육행정을 어떻게 제도화할 것인가가 문제로 대두된다. 교육위원회 선택제를 도입할 경우 수장과 학교, 학부모, 지역사회 간의 관계를 어떻게 설정할지는 수장의 권한과 연관된다. 앞서 살펴본 의견과 답신은 이런 내용까지 구체적으로 제기하지는 않았다. 또 이들 의견이나 답신은 주로 시정촌의 교육위원회를 논의의 대상으로 할 뿐, 도도부현 교육위원회나 중앙정부의 교육행정조직까지 연구한 것은 아니었다. 시장경제의 만능성을 강조하는 경제재정자문회의나 규제개혁 및 민간개방추진회의마저도 교육위원회제도의 개선 필요성을 제기하지만 무엇을 목적으로 하는지조차 명확하게 논의된 바가 없다.

교육위원회제도와 관련된 논의가 추상적이라는 사실은 부정할 수 없지만 이러한 논의가 일면서 제도적으로 안정되었던 교육위원회제도가 요동치기 시작했다. 하지만 고이즈미 정권 이후 자민·공명 연립정권이 단기간에 총리를 교대로 교체하는 바람에 제도를 근본적으로 파고들지 못한 채 끝나고 말았다.

물론 2006년에 집권한 제1차 아베 정권은 같은 해 10월, 전후 교육에 대한 비판을 기초로 교육재생회의를 열었다. 이 회의는 '교육기본법'의 개정과 더불어 교육위원회제도를 심의한 후 제언을 정리했다.

교육재생회의의 제1차 제언 「사회 전반에 걸쳐 교육 재생을: 공교육 재생으로의 제1보」(2007년 1월)에서는 외부 전문가들로 구성된 위기관리팀을 신설해 교원인사권을 도도부현 교육위원회에서 시정촌 교육위원회으로 이양하고, 제3의 기관이 국가의 지침에 따라 외부 평가를 실시하며, 인구 5만 명 이하의 시정촌 교육위원회는 통폐합하는 등의 방안을 제시했다. 이 제언을 받은 교육재생회의 제1분과회는 2007년 2월, 문부과학상의 교육장 임명승인제 부활 및 교육위원회에 대한 시정권고권 법정화를 요구했다.

교육재생회의의 제언은 애국심을 강조하는 '교육기본법'을 개정하여 역사의 바늘을 되돌려 교육에 대한 중앙 통제를 강화하려는 것이었다. 이 제언은 중교심에 부쳐졌지만 논의는 난항을 겪었다. 단, 2007년 '지방교육행정법'의 개정으로 문부과학상이 지방교육위원회에 대해 구체적인 내용을 명시해서 필요한 조치를 취하도록 시정권고를 할 수 있게 되었다(제49조). 또 문부과학상은 지방교육위원회가 법령의 규정을 위반할 경우 시정 또는 개선을 지시할 수 있게 되었다(제50조의 1).

한편 수장이 교육행정을 주도해야 한다고 주장해온 민주당은 2009년 총선거 시 교육위원회제도의 폐지와 수장에 의한 교육행정을 정책공약으로 내걸었다. 그렇지만 그해 정권 교체를 이룬 뒤로는 구체적인 움직임이 전혀 없었다.

4. 수장 대 교육위원회의 대결 구도

오사카 시의 '교육행정기본조례'

2012년 12월에 출범한 제2차 아베 내각은 제1차 정권에서 해결하지 못한 과제 가운데서도 수상이 중시하는 교육개혁을 단행하기 위해 곧바로 2013년 1월에 교육재생실행회의를 출범시켰다. 당시 의제에는 교육위원회제도의 폐지가 포함되어 있었다. 또 국정 정당으로 새롭게 등장한 일본유신회도 교육위원회제도의 폐지를 공약으로 내걸었다. 이러한 움직임의 저변에는 수장 주도의 교육행정을 실현하려는 의도가 깔려 있었다.

물론 수장이 주도하는 교육행정에도 다양한 형태가 있을 수 있다. 수장이 교육행정의 세부적인 내용까지 독선적으로 개입하는 시스템을 구축할 수도 있고, 학생·시민·교직원의 참여를 기본으로 여기에서 표출된 교육에 대한 의견을 통합해가는 시스템을 구축할 수도 있다.

이런 와중에 하시모토 도오루(橋下徹) 오사카(大阪) 시장이 단행한 교육
개혁이 큰 반향을 불러일으켰다. 하시모토 시장은 오사카 부지사 시절이던
2009년에 전국 학력 테스트의 시정촌별 결과를 공표하는 데 소극적인 시
정촌 교육위원회를 가리켜 "멍청한 교육위원회"라고 발언해 빈축을 샀다.
현행 구조하에서는 지사나 시정촌장도 교육위원회에 직무명령을 내릴 수
없다. 이런 사건이 하나의 배경이기도 하겠지만, 수장에 의한 교육행정이
나 교육위원회 선택제가 정부 내에서도 논의되는 상황에 이르자 하시모토
시장은 오사카 시장 취임(2011년 11월)과 동시에 수장 주도의 교육행정을
실현하기 위해 행동했다.

당초 하시모토 시장이 공표한 것은 오사카 시의 '교육기본조례'였다. 하
지만 하시모토 시장이 대표로 있는 오사카유신회는 제1당임에도 오사카
시의회에서 과반수를 점하지 못했기 때문에 이 조례안은 시의원이나 교육
관계자로부터 의심과 거센 비판을 받았다. 결국 '교육기본조례'는 일부 수
정을 거쳐 '교육행정기본조례'와 '시립학교활성화조례'로 나뉘었고, 2012년
5월 의회를 통과해 시행되었다.

수장 주도의 교육행정을 추구하는 하시모토 시장

그렇지만 수장이 주도하는 교육행정의 전형적인 모델은 당초 공표한 '교
육기본조례안'에서 찾아볼 수 있다. 이 조례안은 교육위원회의 독립성이라
는 명목하에 정치가 교육행정에서 과도하게 소외되었다는 인식을 강조한
다. 또 이 조례안에 따르면 시장은 교육위원회와 협의를 거쳐 시립학교가

실현해야 하는 목표를 설정한 뒤 이 목표를 교장에게 지시하고, 교장은 이 지시를 받아 구체적인 계획을 작성하며, 목표 달성 현황은 학교운영협의회(학부모, 주변 지역 주민, 해당 학교의 교직원을 제외한 교육 관계자로 구성)의 평가를 받아 자기평가로 공표하도록 되어 있다.

이 외에 '교육기본조례'는 교장·교감의 임기부 채용을 확정해 외부 전문가가 면접을 하도록 규정했으며, 교장이 교감과 교직원을 인사평가(상대평가)할 때에는 평가항목을 확정해 철저히 평가하도록 했다. 특히 교직원은 S부터 D까지 등급을 나누어 평가와 분석 결과를 명기하고 별표에 징계·신분 처분의 기준을 상세하게 기입하도록 했다. 조례안 마지막에는 "이 조례는 교육에 관한 시의 최고 규범이므로 이 조례에 반하는 일체의 조례·규칙·지침은 무효"라고 규정했다.

2012년 5월 제정·시행된 '교육행정기본조례'와 '시립학교활성화조례'에서는 교직원에 대한 엄격한 인사평가 규정이 삭제되었다. 하지만 시장 주도의 교육진흥기본계획 및 운용지침 책정, 교장을 외부에서 기한부로 임용, 시장의 의견을 반영해 임명한 위원으로 구성된 학교협의회 설치, 협의회에 의한 학교의 평가와 공표, 지도력 부족 교원 면직 등의 내용은 '교육기본조례안'과 크게 달라지지 않았다.

이 조례는 당연하게도 '지방교육행정법'이 필치규제로 하는 교육위원회를 폐지하는 내용까지는 담고 있지 않다. 그렇지만 "정치가 과도하게 소외되었다"라고 할 때의 '정치'는 수장의 권력을 의미한다. 하시모토 시장은 수장이 교육 목표를 설정하고, 그 목표를 학교 현장에 침투시키는 시스템을 구축해서 교육위원회의 제도적 권한을 무력화하려고 했다. 과연 하시모토의 시정과 같은 교육행정이 수장에 의한 교육행정으로 적절하다고 할 수 있을까?

학생이 주인인 지역 교육 시스템을 구축해야

오사카 시의 수장 주도 교육행정은 수장이 교육이 달성해야 할 목표를 세세하게 확정하고 이 목표를 실현하기 위해 인사 통제를 포함해 교육 현장을 장악하는 한편, 열린 학교를 내걸어 시장의 뜻에 맞는 학교협의회를 통해 학교의 실적을 평가하는 방식이다.

한편 종래의 교육행정은 '문부과학성 – 도도부현 교육위원회(교육장) – 시정촌 교육위원회(교육장) – 학교장'이라는 상의하달식 교육 시스템에 따라 교육 정책을 달성하는 방식이었다. 각 단계의 교육위원은 제도의 형식적인 면에서는 시민대표로서 교육행정을 평가하는 역할을 맡지만 교육위원은 대개 교육의 문외한으로 구성되기 때문에 실제로는 그 역할을 완수한다고 볼 수 없다.

그런데 이 두 가지 모델 모두 결여된 관점이 있다. 바로 학교의 주인인 학생에 대한 관점이다. 이지메 문제에 대한 교육위원회의 대응이 극단적으로 보여주듯, 종래의 교육위원회제도에 대한 비판도 바로 여기에서 시작된다. 그렇지만 직선시장이 민의의 구현자로서 교육계획 및 그 계획에 따른 지침을 확정한 뒤 학교 인사를 통해 계획을 강력하게 실현한다는 발상 역시 종래의 교육행정 모델의 지역화에 지나지 않는다.

당선된 수장이 선거에 출마할 당시부터 교육의 참모습을 상세하게 구상했다고는 볼 수 없다. 선거 당시 구상한 내용은 기껏해야 '학력의 향상', '지역개방형 학교' 정도일 것이다. 선거에 당선되었다고 해서 수장 자신이 생각하는 교육관을 실현할 무소불위의 권력이 주어지는 것은 아니다.

현대 일본의 학교, 특히 초등학교·중학교 기초교육에서 발생하는 문제에 대한 해답은 교육을 학생, 즉 시민의 손에 돌려주는 시스템을 어떻게 구축할 것인가에 달려 있다고도 할 수 있다. 문부과학성에서 하달되는 교육행정에 대한 비판이 일자 그 대안으로 수장 주도하의 교육행정이 제기되었다. 그러나 이는 독선적인 교육 시스템에서 어느 쪽이 주도권을 잡을 것인지를 두고 수장과 교육위원회가 대결하는 구도여서는 안 된다. 학생을 주인으로 하는 지역의 교육 시스템을 구축하는 것이야말로 교육행정의 명제가 되어야 한다.

앞으로 이 책에서는 역사적 배경을 바탕으로 견고하게 구축된 교육위원회제도의 실태를 살펴볼 것이다. 그리고 교육위원회제도를 대신할 새로운 시스템을 검토해보려고 한다.

옮긴이 해설 _

행정위원회인 일본 교육위원회

일본 지방자치단체의 교육위원회는 행정위원회 가운데 하나이다. 행정위원회(administrative board 또는 commission)는 관청(官廳)의 성격을 띤 합의제 행정기관을 말하는 것으로, 영국과 미국에서 지방자치조직으로 설치되어 발달했다. 일본 지방자치단체에 교육위원회를 비롯해 공안위원회, 선거관리위원회, 인사위원회, 감사위원 등 많은 행정위원회가 설치된 이유는 하나의 집행기관에 권한이 집중되는 것을 피하고, 여러 개의 집행기관에 권한을 분산시켜 독립적으로 사무를 처리하게 함으로써 민주적인 행정을 구현하기 위해서이다. 이는 제2차 세계대전 이후 미국이 일본을 점령한 당시의 정책에 영향을 받은 것으로 중앙정부와 지방정부 모두에 적용되었다.

행정위원회는 자신의 이름과 권한에 따라 지자체의 해당 업무를 수행한다. 그러나 지자체가 행정위원회를 임의로 설치할 수 없도록 행정위원회 설치 법정주의를 택하고 있다. 일본 지방자치단체의 수장(단체장)과 의회는 '헌법'상 보장된 기관인 데 비해 교육위원회는 법률에 근거를 둔 행정위원회라는 점에서 위상에 차이가 있다.

따라서 일본의 '지방자치법'은 "집행기관은 보통 지방공공단체 장의 소관 아래 집행기관 상호의 연락을 도모하고 전적으로 일체된 행정 기능을 발휘하지 않으면 안 된다"(제138조의 3 제2항)라고 규정해 상호 간 이의가 생겼을 때 수장이 조정하도록 수장에게 조정 권한을 부여하고 있다.

지방교육행정체제의 유형

각 나라의 지방교육행정체제는 그 나라의 통치 구조와 역사, 문화에 따라 다르다. 지방 단위의 교육행정체제가 일반행정과 분리되었는지 여부로 대별해보면 분리형·통합형·절충형으로 나눌 수 있다.

① 분리형(미국): 지방교육행정조직을 일반 지방자치조직과 분리해서 운영하는 대표적인 사례이다. 이는 미국 지방자치의 역사적 배경과 관련이 있다. 미국은 전 지역에 학교구(school district)라는 특별지방자치단체가 있어 일반 지방자치단체인 시(city)나 지역구(county)에서 분리·독립해 교육업무를 담당한다. 학교구에는 물론 과세권도 부여된다. 그러나 모든 주가 지방교육행정과 일반 지방자치를 분리해서 운영하는 것은 아니며, 2007년 워싱턴 시의 사례에서 보듯 최근에는 공교육을 선출직 지방자치단체장에게 맡기는 경우가 늘고 있다.

② 통합형(영국): 지방교육행정조직을 일반 지방행정조직에 통합해서 운영하는 형태로, 영국이 대표적이다. 종전에는 지방교육에 대한 책임과 권한을 지방의회가 갖고 있어 지방의회의 교육위원회에 집행기구로 교육국(department of education)을 두었으며, 교육감(chief education officer)을 임명해 교육행정 업무를 수행하게 했다. 근래에는 행정개혁의 일환으로 의회가 수장을 선출하거나 주민이 직접 수장을 선출하며, 수장이 임명한 각료가 교육행정 업무를 담당한다.

③ 절충형(일본): 일본은 전전에는 통합형 체제였으나, 연합군이 점령하던 시기에 민주개혁 조치의 일환으로 독립된 행정위원회인 교육위원회제도가 도입되었다.

한국의 지방교육행정체제

한국의 '헌법'과 '지방자치법'에서 규정하는 지방자치는 기능적·영역적 자치가 아닌 종합 행정을 의미한다. 따라서 교육 업무도 당연히 지방자치 사무에 포함된다. 그러나 '지방교육자치에 관한 법률'로 교육감을 따로 두고 있어 교육자치행정의 일원화(통합형) 대 이원화(분리형) 논쟁이 계속되고 있다. 일원화의 논거는 교육, 특히 초등·중등 교육은 대표적인 지방 공공재로 대부분의 국가에서 자치사무로 하고 있으므로 교육이 자율과 책임의 원칙에 충실할 수 있도록 종합적인 지방자치 기능 범주에 포함시켜야한다는 것이다. 실정법상으로도 '헌법'에 명시된 지방자치기관은 지방의회(제118조 제1항)와 지방자치단체장(제118조 제2항)이므로 교육감은 헌법에서 말하는 지방자치단체의 장이 아니라고 한다.

반면 이원화 주장의 논거는 교육의 자주성과 전문성이다. '헌법' 제31조 제4항의 "교육의 자주성, 전문성, 정치적 중립성 및 대학의 자율성은 법률에 의하여 보장된다"라는 조항에 따라 지방교육행정기관을 일반행정기관에서 분리·독립해 설치해야 한다는 것이다. 현행 '지방분권 및 지방행정체제개편에 관한 특별법'에서는 "국가는 교육자치와 지방자치의 통합을 위하여 노력해야 한다"라고 명시하고 있다.

제2장

교육위원회는 어떤 조직인가

1. 교육위원회의 역할

교육위원회제도가 존재하는 이유

일찍이 교육행정학자인 무나카타 세이야(宗像誠也)는 『교육행정학서설 (教育行政学序説)』(有斐閣, 1954)에서 "교사는 도대체 무슨 권리가 있기에 남의 자식을 교육시키는 엄청난 일을 하는 것인가?"라고 자문한 뒤 교원은 '진리의 대리자'라는 자답을 이끌어냈다. 무나카타의 자문자답은 기초교육에서 고등교육에 이르기까지 교육 활동에 종사하는 사람들에게 시사하는 바가 많을 것이다.

단, 무나카타의 이 같은 해답은 어느 의미에서는 선문답과도 같다. 교원이 진리의 대리자라고 하지만 절대적인 진리가 어느 정도나 있을까? 나아가 더욱 걱정되는 것은 진리의 대리자를 자임하는 교원이 학생이 처한 상황이나 사회적 환경을 고려하지 않고 자신이 믿는 대로 학생을 교육하는 일이다. 진리의 대리자인 교원을 통제하는 사회적인 시스템이 필요한 까닭이 여기에 있다. 물론 이런 사실을 무나카타 자신도 알고 있을 것이다. 그렇기 때문에 교육을 유지해야 하는 원리를 고찰한 것이다. 무나카타뿐 아니라 오늘날 대부분의 사람들은 교육에 대한 민중 통제 또는 비전문가에 의한 통제(layman control)가 필요하다는 사실을 인정한다.

민중 통제와 교육의 전문성

교육 가운데 이 책에서 대상으로 삼는 것은 가정 내의 교육과 같은 사교육이 아니다. 중앙정부이든 지자체이든 정부가 책임을 지는 공교육, 그중에서도 기초교육이다. 민주주의를 채택한 나라에서는 주권자인 시민이 교육 내용이나 활동 목표를 정하고 이를 제때 확인하는 작업이 반드시 필요하다.

동시에 공교육은 학생을 국민의 한 사람으로 교육하고 학생에게 민주주의의 보편적인 가치를 가르치는 역할을 수행해야 한다. 공교육은 학생에게 특정 종교관을 불어넣어서는 안 된다. 또 정치권력이 내거는 이데올로기에 순종하고 권력자에게 아부하는 대중을 만들어내서도 안 된다. 이 때문에 교육에 대한 민중 통제가 강조되는 것이다. 동시에 민중 통제를 통해 교육의 정치적 중립성을 확보해야 한다. 하지만 정치적 중립성은 하나로 정의하기 어렵고 다양한 해석이 가능하므로 제5장에서 상세히 논하겠다.

교육이라는 활동은 전문적인 지식이나 기술 없이 이루어지지 않는다. 교육은 고도의 지적 활동이다. 특히 초등학교·중학교에서 실시하는 기초교육은 신체적·지적으로 발달 중인 어린이를 대상으로 한다. 그들에게 배움의 재미를 체험하게 하고 기초적인 지식을 함양시켜야 한다. 이를 위해서는 고도의 전문적 지식이나 기술이 필요하므로 가르치는 행위에 대한 전문적인 훈련을 반복해야 한다. 모든 국가에서 교원에게 일정한 자격(일본의 경우 교원면허증)을 요구하는 이유이다.

이렇게 해서 민중 통제를 바탕으로 한 전문성은 공교육을 유지하는 원리로 인정되었다. 그러나 전문성은 민중 통제보다 우위의 개념이 아니다. 견고한 민중 통제가 전제된 곳에서 전문성이 발휘되는 것이다.

교육위원회제도의 구조

　다양한 형태로 논의되는 교육위원회제도는 제도의 구조라는 측면에서 보면 교육을 지탱하는 민중 통제를 중시하는 한편, 전문성을 기반으로 교육을 실시하기 위한 행정제도라고 할 수 있다. 전후 일본에서 교육위원회제도가 도입되고 변천된 과정은 제3장에서 상세히 논하기로 하고, 여기서는 현행 교육위원회제도의 구조를 살펴보자.

　교육위원회는 상대적으로 지사나 시정촌장에게서 독립한 행정위원회이다. 교육위원회뿐 아니라 모든 행정위원회라는 행정조직(예를 들면 선거관리위원회, 노동위원회 등)은 복수의 위원이 협의와 합의를 거쳐 위원회의 의사를 결정하는 것을 특징으로 한다. 행정위원회에는 사무국이 설치되어 있는데 복수의 위원으로 구성되는 위원회가 최고의 의사결정기관이다.

　교육위원회는 교육의 민중 통제와 비전문가 통제를 중시하며, 복수의 위원으로 구성된다('지방교육행정법'은 원칙상 5명으로 규정하고 있지만 조례에 따라 도도부현과 시는 6명 이상으로 구성할 수 있으며, 정촌에서는 3명 이상으로 구성할 수 있다). 민중 통제라 해도 교육에 대한 사고방식은 다양하므로 교육위원회를 행정위원회로 설치해 위원 간 협의와 합의를 통해 교육의 방향을 결정하는 것이 바람직하다고 여겨졌다.

　행정위원회제도를 도입한 또 다른 이유는 교육의 정치적 중립성을 확보하기 위해서였다. 즉, 복수의 위원으로 구성되는 위원회를 최고 의사결정기관으로 두면 특정 정치 권력자나 정당정치가 교육에 개입하는 것을 방지할 수 있으리라 기대했던 것이다.

　한편 교육의 전문성은 교육위원의 학식이나 교원으로서의 경험, 교육장이라는 직위에 의존하는 제도로 발전했다. 또 교육장을 필두로 사무국의 직원을 대부분 교직 경험자나 교육행정 경험자로 구성하고 그들이 전문적인 견지에서 교육의 방향이나 교육행정의 운영에 관한 원안을 작성하면 위원회가 민중 통제의 관점에서 심의해 결정하는 방식으로 운영되었다.

이러한 교육위원회의 제도적 구조는 그 자체로 보면 일정한 합리성이 있다고 할 수 있다. 하지만 다른 행정제도에서도 항상 지적되듯 제도의 운영 실태가 제도가 내건 이념에 어느 정도 부합하는지, 즉 제도가 내건 이념을 실현하도록 설계되어 있는지 항상 점검해야 한다.

교육위원회의 업무

행정위원회로서 교육위원회는 무엇보다 민중 통제 및 비전문가 통제를 기본으로 공립 초등학교·중학교의 기초교육을 책임지는 행정조직이다. 공립 고등학교도 물론 교육위원회의 책임이다. 대부분의 공립 고등학교는 도도부현이 세웠지만 시정촌이 세운 학교도 있으며, 이들 학교는 각각 설립한 지자체 교육위원회의 책임하에 있다.

공교육 실시를 책임지는 교육위원회가 실제 수행하는 업무는 상당히 광범위하다. '지방교육행정법'은 교육위원회의 직무권한을 포괄적으로 규정하고 있다(제23조). 교육위원회는 학교를 비롯한 교육 관계 시설의 정비와 관리는 물론, 교직원의 임면, 연수, 학교의 조직편제, 교육 과정(커리큘럼), 학습 지도, 학생 지도, 직업 지도, 교과서와 기타 교재, 학교 급식 등 19개 항목을 관장한다. 교육위원회 업무에는 공립 유치원, 지역 도서관, 스포츠, 문화재 보호, 평생교육, 유네스코 활동 등도 포함되지만, 이 책에서는 주로 학교교육을 대상으로 살펴보려고 한다.

교육위원회는 시정촌과 도도부현 양쪽에 설치하도록 의무화되어 있지만, 양자를 구분하지 않고 보면 학교교육에 관한 종합적인 행정조직이라 할 수 있다. 교과의 학습 내용뿐 아니라 학생의 생활지도에서 교원 채용, 연수 등에 이르기까지 광범위하게 권한을 행사한다. 학교에서 학습 지도나 학생 지도를 맡는 사람은 바로 교장을 비롯한 교직원이다. 하지만 학습 지도나 학생 지도를 어떻게 하는지는 교원의 개성이나 능력에 따라 다르다. 따라서 교원이 자율적으로 학생을 교육하는 것이 아니라 교육위원회라는 행정조직이 정하는 방향에 따라 교육의 틀이 대강 정해져 있다. 공교육이므로 일정한 틀이 있는 것은 당연하지만, 그 틀이 어떻게 결정되고 어떠한 내용을 담고 있는지는 반드시 염두에 두어야 한다.

교육위원회의 폭넓은 재량

'지방교육행정법' 제23조에 규정된 교육위원회의 직무권한에 대한 조문은 모두 '~에 관한 것'으로 명시되어 있다. 무심코 지나칠 수도 있지만, 여기에는 꽤 중요한 의미가 들어 있다.

'지방교육행정법'의 정식 명칭이 '지방교육행정의 조직 및 운영에 관한 법률'인 것에서 알 수 있듯 '지방교육행정법'은 공법학에서 말하는 행정조직법이다. 즉, 행정조직의 편제나 소장 사무(소관 업무)를 정한 법률이다. 반면 '도로교통법'같이 국민에 대한 권력 행사의 근거가 되는 공법은 행정작용법이라고 한다.

행정조직법의 조문은 일반적으로 '~에 관한 것'으로 명시하여, 행정조직상 내용을 어떻게 정할지에 대해 폭넓은 재량을 인정한다. 이는 교육위원회에 대해서도 마찬가지이다.

예를 들면 '교과서와 기타 교재의 취급에 관한 것'을 교육위원회의 직무권한 가운데 하나로 규정하고 있는데, 이 내용만으로는 교과서를 어떤 절차와 기준으로 선택해야 하는지 전혀 알 수 없다. 교과서 채택의 구조는 뒤에서 논하겠지만, 학생이 매일 사용하는 교과서를 선택할 때 학교는 학생이나 학부모, 지역 주민의 의견을 폭넓게 받아들이지 않는다. '~에 관한 것'이라는 규정에 따라 교과서 채택이나 교재 취급에서는 교육위원회, 즉 문부과학성의 의사가 주로 반영되도록 제도화되어 있다.

이처럼 교육위원회는 실제로 넓은 범위에 걸쳐 학교 운영과 관련된 권한을 가지며, 그 권한을 폭넓게 행사할 수 있는 재량도 있다. 그렇지만 교육행정에 대한 교육위원회의 재량도 결국 '지방교육행정법'을 소관하는 문부과학성의 지도, 즉 법 해석에 좌우된다. 여기에 교육위원회 및 교육행정을 둘러싼 문제까지 겹쳐져 교육위원회의 폐쇄성과 자주성을 놓고 공방이 벌어진다.

교원인사권을 쥔 도도부현 교육위원회

교육위원회는 시정촌과 도도부현에 의무적으로 설치하도록 규정되어 있지만, 양자의 관계는 중층적일 뿐 아니라 대단히 복잡하다. '지방교육행정법'에서는 교육위원회의 직무권한이 양자로 구분되지 않고 일괄적으로 규정되어 있다. 단, 정령지정도시를 제외한 도도부현 교육위원회는 시정촌에 근무하는 교직원의 인사권을 가지므로 시정촌 교육위원회보다 우위라고 볼 수 있다.

제1장에서 말했듯이 시정촌립의 초등학교·중학교에 근무하는 교직원은 시정촌 소속이지만, 이들 교원의 임면과 이동에 대한 인사권은 도도부현 교육위원회와 정령지정도시 교육위원회가 갖는다. 인사 면에서 시정촌 교육위원회가 갖는 권한은 교원의 임면·진퇴를 도도부현 교육위원회에 내신하는 것뿐이다. 시정촌 교육위원회는 이 권한을 전제로 도도부현 교육위원회의 계획에 따라 교직원의 근무평정을 실시한다. 매년 3월 말이면 선생들의 전근이 학생이나 학부모의 화제에 오르고, 신문의 지역판에서도 선생들의 인사이동을 꽤 비중 있게 보도한다. 이 같은 전임은 시정촌 교육위원회의 내신에 따라 도도부현 교육위원회에서 이루어진다.

교직원 인사의 또 다른 특징은 급여의 부담과 정원이다. 공립 초등학교·중학교에 근무하는 교직원은 모두 도도부현 또는 정령지정도시에서 채용되지만, 교직원의 인건비는 국가가 1/3, 도도부현이 2/3를 부담한다(정령지정도시의 교육위원회가 채용한 교원의 인건비도 국가와 도부현이 부담함). 이들 교원은 일반적으로 현비 부담 교원이라고 한다. 2005년까지는 국가가 1/2, 도도부현이 1/2을 부담했지만, 고이즈미 정권의 세출 삭감에 따라 도도부현에 부담이 전가되었다. 이런 재정 부담 때문에 현비 부담 교원의 정수는 도도부현의 조례에 정해져 있다. 또 시정촌 학교의 교원 정수는 도도부현 교육위원회가 시정촌의 학생 수와 학급편제 사정 등을 고려해서 정한다.

대부분의 공립 초등학교·중학교는 시정촌립이지만, 시정촌 교육위원회의 교원 인사 권한은 극히 제한되어 있다. 학생이나 학부모는 교원이 소인수 교육을 실시하거나 해당 지역에 뿌리내리기를 원하는 등 각종 기대를 하지만, 시정촌 교육위원회는 교원 인사에 거의 무력하다. 이는 지역사회와 교육행정 간의 구조가 의문시되는 이유이기도 하다.

도도부현 교육위원회는 시정촌 교육위원회의 상위기관

현재 '지방교육행정법'하에서는 시정촌 교육위원회가 인사권 외에는 큰 권한을 갖고 있는 듯 보인다. 실제 법률상으로 시정촌 교육위원회는 지역의 실정이나 학생의 장래를 고려해 학교관리규칙, 교육 과정, 통학 구역 설정 등에 관한 권한을 자유롭게 행사할 수 있다.

2000년 단행된 제1차 지방분권개혁까지만 해도 '지방교육행정법'에 "국가(문부성)는 도도부현 교육위원회에, 도도부현 교육위원회는 시정촌 교육위원회에 필요한 지도·조언 또는 지원을 하는 것으로 한다"라고 규정되어 있었다. 그러나 지금은 "지도·조언 또는 지원을 할 수 있다"로 개정되었다.

법률의 조문에 따르면 도도부현 교육위원회는 주로 공립 고등학교를, 시정촌 교육위원회는 공립 초등학교·중학교를 대상으로 지역의 실정을 고려하면서 학교의 이상적인 형태나 교육 과정을 독자적으로 정할 수 있다. "지도·조언 또는 지원을 하는 것으로 한다"라고 규정되었지만, 이 규정을 따르지 않는다고 해서 법령 위반이라고 할 수는 없었다.

그러나 '지방교육행정법'이 "지도·조언 또는 지원을 할 수 있다"로 개정된 이후에도 실제로는 학구의 자유화, 즉 학교선택제가 문부과학성과 도도부현 교육위원회의 지도하에 각지에서 실시되고 있다. 시정촌 교육위원회가 "지도·조언 또는 지원을 할 수 있다"라는 조문을 교육행정 자치의 관점에서 받아들일지 여부가 크게 의문시되는 것도 이 때문이다.

2000년의 제1차 지방분권개혁으로 도도부현과 시정촌은 적어도 법제상으로는 대등한 관계로 변했다. 이는 도도부현과 시정촌의 교육위원회도 마찬가지이다. 그렇지만 도도부현 교육위원회는 공립 초등학교·중학교 교원의 인사권을 갖고 있을 뿐만 아니라, 교육위원회의 직무권한으로 규정된 사항에 대해서도 시정촌 교육위원회에 지도·조언하고 있다. 물론 이 배경에는 제1장에서 설명했듯이 문부과학성에 의한 지도 등이 작용한다. 그러나 적어도 도도부현 수준에서 보면 도도부현 교육위원회는 시정촌 교육위원회의 상위기관 같은 색채가 농후하다.

즉, 공립 초등학교·중학교의 기초교육을 실제로 좌우하는 곳은 시정촌 교육위원회가 아닌 도도부현 교육위원회, 그중에서도 사무국 기구라고 할 수 있다. 교육위원회가 교육의 민중 통제·비전문가 통제를 중시한다고 강조하긴 하지만, 실제로는 시정촌 교육위원회보다 도도부현 교육위원회 및 그 사무국의 조직과 기능이 중시된다.

2. 교육위원의 임명 절차

수장이 제안하고 의회가 동의

법률상 교육위원은 지사 또는 시정촌장이 위원 후보를 의회에 제출하면 의회의 동의를 받아 임명하도록 되어 있다. 교육위원은 비상근 공무원이며, 인격이 고결하고 교육이나 학술에 식견을 가진 자여야 한다. 또 교육위원에는 학부모가 반드시 포함되어야 한다. 교육위원의 정수는 원칙적으로는 5명이지만 도도부현과 시의 경우 조례로 6명 이상, 정촌은 조례로 3명 이상으로 구성할 수도 있다. 교육위원의 임기는 4년이며 재임도 가능하다. 그래서 동일인이 교육위원을 장기간 역임하는 일도 드물지 않다.

또 교육위원은 교육의 정치적 중립성을 지키기 위해 정당 또는 정치 활동이 제한된다. 교육위원 정수의 1/2 이상이 동일 정당에 소속된 경우 수장은 동일 정당에 소속된 교육위원의 수가 정수의 1/2에서 1을 감한 수가 되도록 의회의 동의를 받아 교육위원을 파면해야 한다. 동시에 교육위원은 정당 또는 기타 정치 단체의 임원을 맡거나 적극적으로 정치 활동을 해서는 안 된다.

한편 주민은 수장 및 의원과 마찬가지로 교육위원의 해직을 직접 청구할 수 있다. 절차는 다소 복잡하다. 주민은 유권자의 1/3 이상의 서명을 얻어야 교육위원의 해직을 청구할 수 있으며(단, 40만 명을 초과한 80만 명에 대해서는 1/6을 곱해서 얻은 합산 수, 또 80만 명을 초과한 때는 1/8을 곱해서 얻은 합산 수), 주민투표에서 찬성이 1/2을 초과해야 해직이 성립된다.

이러한 사항은 '지방교육행정법'에 명시된 규정이다. 하지만 이 규정만으로는 교육위원을 선임하는 실상이나 특성을 전혀 알 수 없다. 사람들은 대부분 수장이 위원 후보를 선임하는 기준은 무엇이고, 어떤 사람이 교육위원에 선임되는가를 가장 궁금해할 것이다. 도도부현의 교육장도 2000년 단행된 제1차 지방분권개혁에 따라 시정촌의 교육장과 마찬가지로 교육위원 중에서 맡게 되었다. 그렇다면 교육위원은 어떻게 선임될까?

비밀리에 진행되는 후보 선임

시정촌의 교육위원회에서는 의회 내의 다수파가 교육위원 후보자를 추천하는 것이 일반적이었다. 교육위원은 보수가 지급되는 명예직이라서 수장 측에서 보면 의회 대책의 일환이자 자신의 정치적 기반을 강화하는 수단이 될 수 있기 때문이다. 또 파벌과 정당에서 보면 자신의 지지자에게 이익을 배분해주는 수단이기도 했다.

그러나 교육 현장에 대한 시민의 관심이 높아진 오늘날에는 이러한 추천 방식이 자취를 감췄다. 적어도 수장 측은 교육이나 학술, 문화에 식견이 있어 시민들로부터 비난을 받지 않을 인물을 후보로 선임한다. 하지만 도도부현, 시정촌 모두 후보를 선임하는 과정을 비밀리에 진행하므로 수장이 의회에 제안할 때까지 누구를 추천할지 전혀 알 수 없다. 교육위원 선임 과정에서는 수장을 지지하는 세력이 공작을 펼 수도 있고, 수장이 자신과 정치 성향이 비슷한 저명인을 선임해 교육위원회의 활동에 영향력을 끼치려 할 수도 있다. 이시하라 신타로(石原慎太郎)가 도쿄 도지사로 재임하던 당시 요네나가 구니오(米長邦雄, 전 일본장기연맹회장)나, 나카다 히로시(中田宏)가 요코하마(横浜) 시장을 지내던 시절 '양키 선생'으로 화제가 된 요시이에 히로유키(義家弘介, 현 자민당 중의원 의원)가 이런 경우이다.

어쨌든 교육위원회의 교육위원이나 교육위원회 사무국은 교육위원 후보의 선임을 수장에게 내신하지 않으며, 이들이 교육위원 후보 선임에서 아무런 영향력이 없음은 거의 확실하다. 단, 뒤에서 논하겠지만 교육장은 교육위원 후보를 선임할 때 수장에게 진언하고 협의하는 것으로 보인다.

수장이 제안하는 교육위원 인사 안건을 의회가 동의하지 않는 경우는 거의 드물다. 수장 측의 사전 교섭이 효과를 거두었기 때문이기도 하지만, 다른 한편으로는 의회가 비상근인 데다 많아야 월 1회 2시간 정도 회의를 하는 교육위원회를 그다지 중시하지 않기 때문이다.

그래서일까. 도도부현·시정촌 의회에서 교육위원을 선임할 때 성 평등이 문제시된 적은 거의 없었다. 또 교육위원 중 한 사람은 학부모로 임명하도록 규정되어 있기 때문에 시정촌 교육위원회의 경우 지역 내의 공립 초등학교·중학교에 학생을 보내는 학부모가 교육위원으로 임명되어야 맞다. 하지만 실상은 그렇지 않은 경우가 있다. 그리고 의회에서는 이러한 문제가 거의 제기되지 않는다. 실제로 현 내의 고등학교, 그것도 사립 고등학교에 통학하는 학생의 학부모에 대해서도 문제 삼지 않았다. 이런 사실에 의문을 제기하는 것은 의원이 아니라 교육 문제와 관련된 시민운동을 하는 사람들이다.

교육위원의 이력

〈표 2-1〉은 3개 현의 교육위원회에 소속된 교육위원의 최근 8년간 직업을 정리한 것이다. 이 표를 보면 연도별로 직업에 그다지 큰 변동이 없음을 알 수 있다. 현직 의사이거나 승려인 사람도 있지만, 대개는 대학교수, 기업 경영자, 단체 임원이다. 이 3개 현 외에 다른 부현도 현직이든 전직이든 간에 대학교수와 기업 경영자가 교육위원의 다수를 점하고 있다. 또 학부모를 명기하는 현도 있지만, 대부분 학부모를 별도로 표기하지 않는다. 위원 중 누군가가 학부모겠지 생각할 수는 있지만, 법의 취지를 살리고 있는가 하는 점에서는 의문이 생길 수 있다. 전국적으로 1700개가 넘는 시정촌 교육위원회의 위원 구성과 들어맞지 않을 수도 있지만, 〈표 2-2〉에서는 정령지정도시의 교육위원 직업을 정리했다. 정령지정도시는 헤이세이의 시정촌 합병으로 이제 20개 시가 되었다. 〈표 2-2〉는 교육위원회가 발족하던

<표 2-1> 3개 현의 교육위원 및 교육장 직업 구성

	A 현	B 현	C 현
2009년	대학교수* 지역 인사 학부모 지역활동단체 대표 대학교수 현 직원**	대학교수* 의사 회사 임원 대학교수 대학교수 문부과학성 과장**	회사 임원* 대학교수 회사 임원 단체 임원 대학교수 교육차장·교원**
2008년	회사 임원* 대학교수 지역활동단체 대표 지역 인사 학부모 현 직원**	회사 임원* 대학교수 의사 회사 임원 대학교수 현 직원**	회사 임원* 대학교수 대학교수 승려 회사 임원 교육차장·교원**
2007년	회사 임원* 회사 임원 지역활동단체 대표 학부모 대학교수 현 직원**	회사 임원* 대학교수 의사 회사 임원 대학교수 현 직원**	대학교수* 의사 대학교수 단체 임원 회사 임원 교육차장·교원**
2006년	대학교수* 회사 임원 지역활동단체 대표 회사 임원 학부모 현 직원**	회사 임원* 대학교수 의사 회사 임원 대학교수 현 직원**	의사* 회사 임원 대학교수 단체 임원 대학교수 교육차장·교원**
2005년	대학교수* 회사 임원 지역활동단체 대표 회사 임원 학부모 현 직원**	회사 임원* 대학교수 의사 회사 임원 대학교수 현 직원**	대학교수* 회사 임원 대학교수 단체 임원 의사 교육차장·교원**
2004년	대학교수* 대학교수 지역활동단체 대표 회사 임원 학부모 현 직원**	회사 임원* 대학교수 유치원 임원 전 촌장 대학교수 현 직원**	의사* 대학교수 단체 임원 대학교수 회사 임원 교육차장·교원**
2003년	대학교수* 회사 임원 대학교수 대학교수 지역활동단체 대표 현 직원**	전 촌장* 전 금융기관 임원 유치원 임원 회사 임원 대학교수 현 직원**	회사 임원* 의사 대학교수 대학교수 단체 임원 교육차장·교원**
2002년	대학교수* 회사 임원 대학교수 대학교수 지역활동단체 대표 현 직원**	화가* 전 촌장 회사 임원 유치원 임원 전 금융기관 임원 현 직원**	대학교수* 회사 임원 의사 대학교수 단체 임원 교육차장·교원**

주: 1) *는 교육위원장, **는 교육장의 직업. 교육장이 교육위원 중에서 선임된 것은 2002년부터임.
　　2) 교육장의 직업은 취임 직전의 직업이며, 현 직원은 지사 부국의 행정직원을 의미함.

〈표 2-2〉 5개 정령지정도시의 교육위원 직업 구성(2013년 4월 기준)

정령지정도시	직업
오사카 시	학교법인 이사장* 신문사 촉탁 대학교수 대학교수 주부 시 국장**
교토 시	대학교수* 스포츠 해설가 대학 명예교수 대학교수 전부시장 시 교육정책감**
나고야 시	경영자* 대학교수 임상심리사 경영자 변호사 시 국장**
고베 시	전 시교육위원회 지도부장* 변호사 대학 명예교수 대학 준교수 대학 준교수 시 국장**
요코하마 시	전 시 국장* NPO 대표 전 통산관료 대학 준교수 사립중학교 교감 시 국장**

주: 1) *는 교육위원장, **는 교육장의 직업.
   2) 교육장의 직업은 취임 직전의 직업임.

때부터 교육위원회를 의무적으로 설치해야 했던 구 5대 도시[오사카, 교토(京都), 나고야(名古屋), 고베(神戸), 요코하마를 살펴본 것인데, 각 시에서는 거의 유사한 경향을 보인다.

교육위원장은 교육위원 중에서 호선(互選)으로 선출하도록 되어 있는데, 위원장에 취임하는 사람은 대부분 전문가(일반적으로 대학교수 또는 그 정도의 경험자)나 기업 경영자이다. 교육위원장의 임기는 1년이지만 재임에 대한 제한이 없어서 동일인이 장기간 연임하는 경우도 드물지 않다. 또 2기 정도에서 대학교수나 기업인인 교육위원이 돌아가며 위원장을 맡는 관행이 생긴 곳도 있다. 한편 교육위원장 인사에는 비공식적으로 수장의 의향이 작용되기 마련이다.

이러한 위원 구성이 민중 통제(비전문가 통제)를 받지 않는다고 단언하기는 어렵다. 단, 완벽하게 통제되는지는 별개의 문제이다. 직업으로 추측할 수 있듯 이들은 교육에 대해 비전문가이긴 하지만, 실제로 교육위원회 활동에 많은 시간을 할애하기 어렵다.

교육위원의 활동

교육위원의 활동을 살펴보기 위해 D 현 교육위원회를 예로 들어보자. 2010년에 D 현 교육위원회는 매월 1회 정례회를 개최하는 것 외에 3월에 임시회를 개최했다. 이에 더해 뒤에서 논할 교육위원협의회가 다섯 차례 열렸다. 교육위원회의 회의 의제를 주제별로 분류하면 매년 비슷하다. '교육위원회 규칙 및 동 훈령의 제정·개폐'가 22건, '교육장·학교장 등의 인사'가 11건, '직원의 징계·신분 처분'이 27건, 기타가 13건이다.

교육위원회 회의는 정례회와 임시회를 모두 합치더라도 월 1.1회 정도이며, D 현의 경우 1회당 회의 시간은 평균 1시간 30분이다. 그런데 교원의 징계나 신분 처분 같은 민감한 의제가 매회 평균 2건 정도 상정된다면 교육위원이 사무국에 질문하는 시간에다 다른 의제까지 고려할 때 1시간 30분 만에 회의가 끝나기란 쉽지 않다. 실제로는 사전에 교육위원협의회에서 언급되지 않았을 리가 없다.

D현에서는 교육위원협의회가 정례회 2회에 1번꼴(2010년 기준)로 교육위원회 회의에 앞서 개최된다. 교육위원협의회에서는 교육장을 필두로 하는 사무국이 정례회에 상정하는 의안이나 사건을 교육위원에게 설명한다. 회의는 비공개이다. 위원들의 질문 등은 주로 협의회에서 제기되며, 이는 같은 날 공개적으로 개최되는 위원회 정례회(임시회일 때도 있음)의 정식 의제로 상정된다. 교육위원협의회는 2시간 정도 진행된다. 따라서 교육위원협의회가 개최되는 날이면 교육위원은 총 4시간여의 회의에 참석해야 한다. 교육위원협의회는 D현에만 있는 것이 아니라 어느 현에나 있다. 단, 정례회 당일에 개최되는 것으로 한정되지 않으며, 명칭도 '사전설명회', '연구회' 등 각기 다르다.

교육위원은 이 같은 회의 외에 수장과의 간담회, 학교나 교원 연수센터 시찰, 지역에서 교육 관계자와 간담, 주변 지자체의 교육위원회 위원 및 직원과의 협의·간담·친목 등의 행사에도 참석한다. 단, 교육위원의 참석 여부는 자율에 맡기므로 교육위원 전원이 참석하는 것은 아니다.

교육위원의 활동이 많은지 또는 중책인지 여부는 평가가 엇갈린다. 어쨌든 이 정도의 시간 여유를 가진 전문가·기업인·문화인이 교육위원에 취임하고 있다.

교육장은 교육위원 가운데 선임

현행 '지방교육행정법'에서는 시정촌 및 도도부현의 교육장을 교육위원 가운데 선임한다. 교육위원은 비상근직이지만, 교육장은 일반 상근직이다. 교육위원 가운데 교육장을 선임하는 법 절차를 살펴보면 다른 교육위원 선임 시와 마찬가지로 수장이 의회의 동의를 받아 교육위원으로 임명한 뒤 교육위원회의 회의를 거쳐 호선으로 임명한다.

〈표 2-1〉에서 살펴본 대로 교육장으로 취임하기 이전의 직업은 대개 수장부국의 행정직원, 그것도 부국장급의 최고 경험자이거나 교장 출신 아니면 교감 정도의 공립학교계 간부이다. 이는 〈표 2-2〉에서 보듯 5개 정령지정도시도 마찬가지이다.

지자체에서 교육장의 위치는 2000년의 제1차 지방분권개혁에 따라 시정촌·도도부현 모두 중요해지고 있다. 제1차 지방분권개혁으로 도도부현에 두던 출납장(出納長)과 시정촌에 두던 수입역(收入役) 자리가 폐지되었기 때문이다. 종래에는 출납장이나 수입역이 수장, 부수장[부지사나 조역(助役), 현 부시정촌장)]과 나란히 삼역(三役)이라 불리며 지자체의 톱매니지먼트를 맡았다. 그러나 이들 직이 폐지되자 교육장은 출납장과 수입역을 대신해서 톱매니지먼트의 일각을 구성하게 되었다.

특히 도도부현은 2000년 이후 교육장을 문부상(문부과학상)의 사전승인을 받은 후 교육위원회가 임명하던 방식에서, 수장이 우선 의회의 동의를 얻은 후 교육위원으로 임명하는 방식으로 바꾸어 교육장의 정치적 정당성을 크게 높였다. 이는 교육장이 교육위원회 사무국의 장에 국한되는 역할이 아님을 뜻한다. 교육장은 지자체 행정 전반에 나름의 영향력이 있다. 또 교육 정책의 기본적인 방향, 예를 들면 졸업식이나 입학식 같은 공식행사에서 교직원의 행동을 통제하는 데 수장의 의사가 직접 반영되기도 한다.

교육장 인사를 방관하는 의회와 교육위원

수장은 교육장을 선임할 때 총무부장 등의 행정직원 간부나 학교장 경험자 등을 추천한 뒤 의회의 동의를 얻어 우선 교육위원으로 임명한다. 교육장을 선발하는 기준은 수장과 정치적 신념이 비슷하고 톱매니지먼트를 책임질 수 있는 인물인지 여부이다. 도도부현과 시정촌의 교육장 인사를 개관하면 전통적으로 행정직원 간부 또는 교장 출신 등용이라는 두 가지 양상으로 압축되는데, 이는 각 지자체에서 고정화된 공식이라 할 수 있다. 단, 행정직원 간부 가운데 교육장을 임용하는 지자체는 교육차장에 교육직을 임용하는 것이 일반적이다.

교육장 선임에서는 교육위원으로서 동의하는 의회와 교육장을 호선하는 교육위원 쌍방에 책임이 있다. 도도부현과 시정촌 모두 수장이 교육위원 후보를 의회에 제출할 때는 그 후보가 교육장 후보임을 설명하는 것이 관례이다. 따라서 의회는 그 후보가 교육장으로 적합한지까지 염두에 두고 심의해야 한다. 실제로 2013년 3월 가마쿠라(鎌倉) 시에서는 시장이 도쿄도 내 한 지자체의 기업인 출신으로 공립 중학교장에 임용되어 학원과 제휴를 추진한 인물을 교육장 내정자이자 교육위원 후보로 추천했다. 하지만 시의회는 학생 간에 격차가 발생할 수 있다고 판단해 그를 교육위원으로 내정하는 데 동의하지 않았다. 그렇지만 이런 사례는 매우 드물며, 의회는 대개 다른 교육위원 후보와 마찬가지로 교육장으로 내정된 교육위원의 선임을 별다른 이의 없이 승인하는 것이 보통이다.

한편 법적으로는 교육장을 교육위원회 회의를 통해 교육위원 중에서 호선하여 임용한다고 규정되어 있지만, 교육장 선임 의안은 형식적인 과정에 불과할 뿐이며 애초부터 교육장 후보로 내정된 교육위원을 선출한다. 수장이 교육위원을 임명하므로 교육위원들은 법이 정한 위원회로서의 자율성을 주장하기 어렵다. 하지만 의회와 교육위원은 '지역에 열린 교육' 또는 '교육위원회의 중요성'을 외치면서도 수장이 실질적으로 교육장을 선임하는 것에 대한 문제 인식은 결여되어 있다.

제2차 아베 정권이 출범시킨 교육재생실행회의는 2013년 4월 교육행정에서 수장의 리더십을 발휘하고 교육행정의 능률을 촉진하기 위해서는 수장이 교육장을 임명하도록 제도화해야 한다고 수상에게 보고했다. 이 보고 내용이 알려지자 교육행정학자들과 일부 언론은 수장이 교육장을 임명하면 교육위원회가 유명무실해지고 교육의 정치적 중립성이 위협받을 것이라며 비판을 가했다.

그렇지만 필자가 보기에 교육재생실행회의의 보고는 교육장 선임 과정이나 교육위원회 회의 실태를 개선해서 제도화하려는 것이었다. 교육학자나 언론은 지금까지 교육장 선임 실태를 논한 적이 없다. 교육재생실행회의의 위원들이 실상을 제대로 조사하고 보고를 승인했는지도 의문이다. 그렇다면 여기서는 교육장 선임 실상을 파악한 뒤, 교육장을 수장으로 하는 교육위원회 사무국은 어떤 조직이고 어떤 활동을 하는지 살펴보자.

3. 엘리트 교원이 지배하는 교육위원회 사무국

교육청의 조직 구조 및 인적 구성

도도부현 교육위원회의 사무국인 교육청의 조직은 본청 조직과 지역의 교육사무소(명칭은 지자체마다 다름), 교육센터(명칭은 지자체마다 다름), 그리고 지역에 소재한 도서관, 박물관, 스포츠 시설 등으로 구성된다. 여기서는 주로 본청 조직을 다루려고 한다.

대규모의 도도부현 교육청은 교육장과 교육차장 아래 관리부, 지도부라는 부를 설치하고 그 아래에 과(실)를 두지만, 인구 200만 명 이하인 현에서는 부를 설치하지 않은 곳도 많다.

〈그림 2-1〉은 부를 설치하지 않은 E 현 교육청의 조직 구조와 정원을 정리한 것이다. 교육청의 내부 조직은 정형화되어 있지 않으며 각 지자체에 따라 형태가 다르다. 하지만 내부 조직을 크게 분류하면 교육위원회 예산이나 교육위원회 규칙·학교 설비의 정비·시정촌의 조성금 등을 담당하는 총무기획 부문과, 학교교육·교직원 인사 등을 담당하는 학교행정 부문, 평생교육·스포츠를 담당하는 부문 등 3개 부문으로 나뉜다.

그런데 앞서 교육장의 경력에서도 논했지만 교육청 직원의 인사에는 특별히 눈에 띄는 특징이 있다. 교원(현비 부담 교원)이 특히 많다는 점이다. E 현 교육청의 경우 전체 직원 수는 177명인데, 행정계(사무직)가 103명, 교원계가 74명이다. 특히 본청의 학교교육실은 48명 중 실장을 포함해 38명이 교원계이다. 교직원과는 행정계가 28명, 교원계가 13명이며, 초등·중학교인사과, 고교인사과는 모든 직원이 교원계이다.

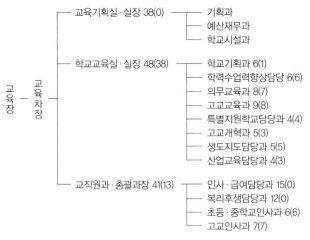

〈그림 2-1〉 E 현 교육청의 조직 구조 및 정원(2009년 기준)

주: 1) 조직명 뒤의 수는 정원이며, 괄호 안의 수는 교원계 직원 수임.
2) 본청 조직의 평생교육, 스포츠 분야는 생략함.
3) 교육청 전체 직원은 177명이며, 그중 교원계 직원은 74명임.

이런 특징은 E 현에만 해당되는 것이 아니다. 규모가 큰 F 현도 교육청 직원 632명 중 391명이 교원계 직원이다(〈그림 2-2〉 참조). 이 현의 교육청에는 부가 설치되어 있는데, 기획관리부(총무와 기획 부문)는 부장을 포함해서 171명 중 교원계가 31명인 반면, 교육진흥부(학교행정 부문)는 242명 중 교원계가 부장을 포함해서 168명이다.

공립 초등학교·중학교와 고등학교 교원의 인사권을 현이 갖고 있긴 하지만, 교원계 직원이 이 정도로 다수 소속된 현청 행정조직은 교육위원회 사무국밖에 없다. 게다가 교원계 직원은 학교행정 부문에 편중해서 배속된다. 덧붙이자면 E 현 교육위원회에는 9개의 지방교육사무소가 있고 각 사무소의 직원 수는 10명 정도인데 그중 반수가 교원계 직원이다. 직원 구성으로 보면 교육위원회 사무국은 특이한 조직이라 할 수 있다. 그렇다면 교

〈그림 2-2〉 F 현 교육청의 조직 구조와 정원(2009년 기준)

주: 1) 조직명 뒤의 수는 정원이며, 괄호 안의 수는 교원계 직원 수임.
　　2) 본청과 지방교육사무소 다섯 곳을 합하면 교육청 전체 직원은 632명이며, 그중 교원계 직원은 391명임.

원계 직원은 어떤 역할을 맡는 것일까?

교육위원회 지도주임의 역할

도도부현 교육위원회의 학교행정 부문(교원 인사 포함)은 공립학교의 학교 운영, 교과 지도, 학습이나 직업 지도 등을 지도하고 조언하는 역할을 담당한다. 도도부현 교육위원회의 학교행정 부문이 행사하는 영향력은 시정촌 교육위원회와는 비교가 되지 않는다. 또 교육센터 등에서 지도력 부족 교원이나 규칙·통지 위반 교원을 연수하기도 한다. 이렇게 말하면 중립적인 역할로 생각되지만, 실제로는 이들을 감독하는 것이라 할 수 있다. 교육위원회 사무국에서 사무를 보는 사람은 주로 사무국의 지도주임, 책임지도주임, 지도과장이라는 직위를 가진 교원계 직원이다.

앞서 말한 교육에서 전문성을 반영해 '지방교육행정법' 제19조 제1항과 제2항은 도도부현 교육위원회와 시정촌 교육위원회의 사무국에 지도주임이라는 직을 두도록 정하고 있다. 그리고 제3항에서는 "지도주임은 상사의 명을 받아 학교에서 교육 과정, 학습 지도 및 기타 학교교육에 관한 사무에 종사한다"라고 정하고 있다. 여기서 상사란 교육위원회 위원장이 아닌 교육장을 가리키며, 지도주임은 교육장의 명에 따라 추상적으로 규정된 학교교육과 관련된 광범위한 직무를 수행한다.

문부과학성 관료인 하야카와 마사히데(早川昌秀) 등이 작성한 지도주임 역할에 관한 매뉴얼인 「새로운 지도주임의 직무(新しい指導主事の職務)」에 따르면, 지도주임은 상사의 하명이 없더라도 법에 규정된 직무 수행을 요구할 수 있다.

한편 '지방교육행정법' 제19조 제4항은 지도주임의 자격을 다음과 같이 명기하고 있다. "지도주임은 교육에 관해 식견이 있고 학교에서 하는 교육 과정, 학습 지도 및 기타 학교교육에 관한 전문적인 사항에 교양과 경험이 있는 자여야 한다. 지도주임은 대학 이외의 공립학교(지방공공단체가 설치한 학교를 말함)의 교원['교육공무원특례법'(쇼와 24년 법률 제1호) 제2조 제2항에 규정된 교원을 말함]으로 충당할 수 있다."

지도주임의 자격 요건

이 조문에 따르면 교육에 식견이 있고 학교교육에 교양과 경험을 가진 자라면 누구나 지도주임으로 임용될 수 있다. 하지만 실제로는 이 조문의 뒷부분을 근거로 대부분 당해 지자체의 공립학교에 근무하는 현비 부담 교원 중에서 지도주임을 임용한다.

물론 그렇다고 도도부현 교육위원회 사무국의 학교행정 부문에 소속된 교원계 직원이 모두 지도주임이 되는 것은 아니다. 지도주임을 거치는 사람은 거의 공통된 패턴을 보인다. 공립학교에서 교감이 되기 바로 전이거나 교감인 자가 지도주임으로 취임해서 통상 3년 정도 근무한 뒤 학교 현장으로 되돌아가 교장으로 취임한다. 그 후 다시 교육위원회 사무국의 계장, 부과장, 책임지도주임을 맡는 식이다. 그 뒤로는 사무국의 간부로 승진하는 자도 있고, 초등학교·중학교·고등학교의 교장으로 다시 취임하는 자도 있다. 공식적이지는 않지만 교육위원회 사무국에는 대개 현 내 공립학교의 순위가 정해져 있으므로 학교장에서 교육위원회 사무국을 거쳐 다시 학교장에 취임하는 것은 좌천이 아니라 승진으로 인식된다.

공립학교 교원 가운데 누구를 지도주임으로 임용하는지에 대해 교육위원이나 사무국의 행정계 간부 모두 전혀 관여하지 않는다. 어느 현의 교육위원회 사무국 간부(행정계)는 "직을 맡아 근무하면서 사무를 처리하는 모습을 봐야 능력이 있는지 알 수 있지, 애초부터 많은 교원을 알고 있을 리도 없고 누가 적격인지 알 방법도 없다"라고 말한다. 지도주임 임용은 물론 교육장이 최종적으로 결재한다. 교육장이 교원 출신이라면 누군가를 의중에 두기도 하지만, 사무국 내 교원계 직원의 이너 서클(inner circle, 소수의 핵심 권력집단_옮긴이)이 사실상 전형한다고 해도 과언이 아니다. 지도주임, 나아가 교육계 직원 간부는 이너 서클이 근무 태도, 사고방식, 행동 등에서 우수하다고 간주하는 엘리트 교원 가운데 임용된다.

이너 서클이 유지되는 이유

엘리트 교원으로 구성된 교육청 사무국의 이너 서클은 제2차 세계대전이 끝난 지 70년 가까이 지난 지금도 여전히 하나의 전통으로 계승되고 있다. 전전기의 교원양성학교였던 사범학교는 전후 각 도도부현에 설치된 국립대학 교육학부로 합병되었다. 오늘날에는 사립대학 출신자를 포함해 타 부현 출신자가 공립학교 교원으로 채용되기도 하지만, 여전히 당해 부현의 국립대학 교육학부 출신이 주를 이룬다.

이는 특히 초등학교·중학교 교원의 경우 교원면허 취득조건이 사립대학 출신자에게 현저하게 불리하기 때문이다. 또 사범학교, 즉 지방 국립대학 교육학부 출신자들로 구성된 이너 서클의 영향력이 큰 것도 하나의 요인이다. 2008년에 오이타 현교육위원회에서 교원 부정 채용 사건과 교육청 간부를 연고 등용한 사건이 일어난 것도 이 때문이다.

교육청의 학교 지도 부문이나 교원 인사 부문을 중심으로 한 교원계 직원의 조직은 일종의 자율성을 가진 폐쇄적인 조직이라 할 수 있다. 게다가 교육위원회 사무국의 행정계 직원은 대개 수장부국에서 파견된 직원이다. 교육위원회는 사무국 직원을 임용할 수 있는 권한을 갖고 있지만 이는 형식에 불과하다. 실제로 수장부국의 인사 관행을 보면 교육위원회 사무국이나 다른 행정위원회, 감사위원 사무국, 의회 사무국을 돌아가면서 근무한다. 이들은 길어야 3년 후에 수장부국으로 되돌아가며, 직원들도 이를 바란다. 이런 행정계 직원의 인사가 교원계 직원의 독립성을 한층 공고히 하는 것이다.

지도주임의 주요 업무

'지방교육행정법'이 정하는 지도주임의 역할이 추상적인 만큼 지도주임은 광범위한 분야에 영향을 미친다. 그중에서도 도도부현 교육위원회의 지도주임이 주로 하는 업무는 문부과학성이 잇따라 내는 교육 과정에 관한 지침 및 가이드라인의 구체적인 운용 방침을 정하는 것이다. 지도주임은 시정촌 교육위원회 소속이지만, 지도주임과 학교 관리자로 구성된 교육과정연구회 등을 만들고 여기서 결정한 방침을 시정촌 교육위원회를 통해 학교에 전달하는 일을 한다. '여유교육'으로 전환할 때나 학습지도요령의 개정에 따라 '학력향상교육'을 실시할 때에도 교육 과정 및 학습 지도에 대한 매뉴얼을 작성했다. 여기에는 '완전 주 5일제' 폐지에 대한 대응이나 3학기제에서 2학기제로 변경하는 것에 대한 매뉴얼도 포함되었다.

21세기 들어 도도부현 교육위원회의 지도주임이 특히 힘을 기울이는 업무는 지도력 부족 교원에 대한 대응이다. 문부과학성은 2000년 이후 이른바 NPM(New Public Management: 새로운 행정관리 목표를 설정한 뒤 철저한 평가를 통해 효율성을 추구하는 신공공관리)의 영향을 받아 학교에서 자기평가, 학습지도평가를 강조하기 시작했고, 매뉴얼을 만들어 지방교육위원회에 통지했다. NPM의 구체적인 운용 방침 또한 지도주임을 중심으로 한 학교행정 부문의 하나가 되었다.

NPM은 지도력 부족 교원의 선별 및 지도와 밀접하게 관련되어 있다. 문부과학성은 2002년 지도력 부족 교원을 엄격하게 조치하도록 전국의 교육위원회에 요구했다. 그러나 지도력 부족이란 과연 무엇을 의미하는 것일까? 교육 현장에 몸담은 적이 있는 사람이라면 이 말을 정의하기가 얼마나 어려운지 알 수 있을 것이다. 그렇지만 문부과학성의 통지를 무시할 수는 없는 노릇이었다. 도도부현 교육위원회의 지도주임을 중심으로 한 학교 지도 부문은 지도력 부족 교원을 판정하는 매뉴얼을 만들고, 필요한 인사상의 처우 방법을 정리해서 시정촌 교육위원회에 통지했다.

지도력 부족 교원을 지도하는 방법

이런 통지가 학교 현장에 어떻게 운용되는지를 현장 조사해서 학교장 등을 지도하는 것도 지도주임의 일이다. 현장 조사에는 보통 도도부현 교육위원회 지방교육사무소의 지도주임, 시정촌 교육위원회의 지도주임이 동행한다. 또 지도력 부족 교원으로 판정된 교원에게는 연수를 실시하는데, 징계처분(주로 공식행사에서 국가·국기에 대한 대응에 따른 징계)을 받은 교원도 이 연수의 대상이다.

지도력 부족 교원에게는 교과 내용의 이해, 교육 방법, 학교·학급 경영론 등을 중심으로 연수를 실시하며, '지방교육행정법', '지방공무원법', '교육공무원특례법' 등의 강의를 듣고 보고서를 제출하도록 하기도 한다. 어느 현에서는 '헌법' 강의를 진행했다고 하는데, 도대체 어떤 헌법론인지 묻고 싶은 것은 비단 필자만이 아닐 것이다.

이상에서 살펴본 대로 교육위원회, 특히 도도부현 교육위원회 사무국은 교원인사권뿐 아니라 교육 과정과 학교 관리에도 매우 큰 실질적인 권한을 갖는다. 교육위원이 주민을 대표하는 비전문가라고는 하지만 사무국, 그것도 엘리트 교원을 중심으로 구성된 교원계 직원 주도 체제에 이론을 제기하기란 쉬운 일이 아니다. 그렇다면 일부 교육행정학자가 주장하는 것처럼 교육위원의 수장임명제를 직선제로 바꾸면 문제가 해결될까? 문제의 해답은 그렇게 단순하지 않다. 다음 절에서는 이에 대해 상세하게 살펴보자.

4. 학교와 교육위원회의 관계

교원평가 시스템의 빛과 그림자

초등학교·중학교 교원은 대부분 학생의 지적 관심을 이끌어내 그들을 잘 성장시키기 위해 교원이라는 직업을 선택했을 것이다. 그러나 학생들이 자란 환경이 다른 데다가 이때는 자아에 눈뜨는 시기여서 학생을 가르쳐 키우는 것은 보통 어려운 일이 아니다. 그래도 교육 현장에서는 열심히 공부를 가르치고 웃음이 가득한 학급 광경을 흔히 볼 수 있다.

하지만 교원이 학부모나 학교장, 간부 교원에게 반드시 신뢰를 받는다고는 할 수 없다. 무엇을 기준으로 평가하는지는 차치해두고 학부모에게 좋은 선생이라는 말을 듣는 교원도 있고 나쁜 선생이라는 말을 듣는 교원도 있다. '신발장 사친회(師親會)'라는 말이 있다. 학급 또는 학년의 사친회에서 조용히 이야기를 듣던 학부모라도 일단 회의가 끝나 신발장까지 오면 일거에 교원평가를 놓고 이야기의 꽃을 피운다는 뜻이다.

이런 평가는 직접적이든 간접적이든 간에 교원 또는 학교 관리자의 귀에 들어가기 마련이다. 이는 학교장이나 간부 교원에 의해 교원평가로 연결된다. 한편 학교 평판의 향상과 교원의 능력 향상을 지향하는 교육위원회의 사무국은 교원과 학교의 평가 시스템이 필요함을 강조한다.

앞서 말한 대로 2002년에 문부과학성은 지도력 부족 교원에 대한 엄격한 조치를 요구했다. 이에 도도부현 교육위원회 사무국은 교원평가 매뉴얼을 만들었다. 교원의 등급 매기기, 즉 교원평가를 가장 먼저 시작한 곳은 도쿄 도교육위원회였으며, 다른 도부현에서 교원평가와 학교평가가 시작된 것은 2003년부터이다.

교원평가 시스템은 거의 전국적으로 동일하다(그 이유는 제4장에서 설명한다). 기업에서 따온 '목표에 따른 관리'라는 평가 기법을 적용해 우선 학교장이나 간부 교원은 학교마다 달성해야 할 목표를 설정한다. 목표라고는 하지만 '스스로 공부, 모두 학력 향상', '높은 기상, 미래로 비상하는 학교'라는 식의 추상적인 내용이 대부분이다. 목표가 설정되면 교원은 이 목표를 염두에 두고 평가 시트를 기반으로 자기목표를 설정한다. 그리고 연말에 A부터 D까지(3단계인 지자체도 있음) 자기평가를 기입한다.

교원이 수행한 자기평가의 제1차 평가자는 교감이며, 최종 평가자는 학교장이다. 학교장은 자기평가의 최종 결과를 시정촌 교육위원회에 보고한다. 이후 시정촌 교육위원회가 현교육위원회의 지방교육사무소에 보고하면 이곳을 통해 현교육위원회 사무국에 제출된다. 교감과 학교장도 자기평가를 피할 수 없다. 교감의 최종 평가자는 학교장이며, 학교장의 최종 평가자는 시정촌 교육장이다. 이들의 자기평가는 각 지방교육사무소를 통해 현교육위원회 사무국에 보고된다.

자기평가 시스템 가운데 교원이 자기목표를 설정하는 단계부터 학교장이나 간부 교원은 좋게 말하면 충고, 엄격히 말하면 지도를 실시한다. 이 때문에 자기목표가 수정되는 경우도 있다. 또 자기평가 결과에 따라 제1차 평가자가 평가를 하는데 여기에는 면담이 따른다. 면담에는 제1차 평가자뿐 아니라 시정촌 교육위원회 교육장이 지정하는 자가 참가하기도 한다. 면담 자리에서는 평가자가 교원의 교과 지도나 학교 내에서 하는 행동을 이야기하는데 때로는 질책에 가까운 발언을 하기도 한다.

아직까지는 최종 평가자의 교원평가가 외부에 공표된 적은 없다. 단, 일부 현에서는 최종 평가의 A부터 D까지의 비율이 평가항목별로 학교 홈페이지에 공표되기도 한다. 교원의 평가서는 인사권을 가진 현교육위원회의 교원 인사부국에 제출되어 교원의 성적 판정에 이용된다.

학교 현장에서 일하는 교원에게 교과 준비, 학급 지도, 과외 활동 지도, 학생의 성적판정 같은 업무는 바쁘더라도 할 만한 가치가 있을 것이다. 하지만 교원들이 자기평가라는 이름의 성적 판정은 너무 우울하다고 하소연하는 것도 납득이 간다.

교육 관리가 아닌 교원 관리에 주력하는 교육위원회

정말이지 일본은 과잉 동조사회가 아닐까 하는 생각이 든다. 경영조직의 업적평가와 성적주의를 행정조직에도 도입해야 한다는 인식이 확산된 것은 1990년대 이후이다. 당시에는 이른바 NPM이라는 방식이 영국과 뉴질랜드에서 시작되어 많은 나라를 석권했다. 일본도 예외는 아니어서 중앙과 지방을 망라한 행정조직의 개혁이 독립행정법인의 설립과 시장화 테스트라는 형태로 발전했고, 이와 동시에 고령자 개호의 시장화, 나아가 학구의 자유화에 따른 의사적인 교육 시장이 형성되었다. 이 책은 NPM에 따른 행정 개혁을 논하는 것을 목적으로 하지는 않지만, 행정 활동의 시장화와 유사 시장에 대한 문제 인식이 너무 낮다는 사실은 강조해두고 싶다.

학교에서 실시되는 교원의 자기평가 시스템도 이와 맥을 같이한다. 교원이 자기목표를 설정하면 관리자가 달성목표를 평가하고, 이를 통해 교원의 능력을 향상시킴과 동시에 학생의 학력 수준을 향상시킨다는 것이 자기평가 시스템의 의도이다. '데모시카 선생(でもしか教師, 선생밖에 할 것이 없다는 의미로 권위가 실추된 교사를 조롱하는 말)'이라는 멸칭이 아직도 남아 있는 현실에서 시키는 대로 해야 하는 자기평가 시스템은 교원의 사기를 저하시키기 마련이다.

기업의 영업 부문이라면 한 달 동안의 판매목표를 정하고 실적을 통해 성적을 판정하겠지만, 교원은 각자 개성이 다르고 가정이나 지역 환경이 다른 학생을 매일 상대한다. 게다가 학교의 추상적인 교육목표를 근거로 자기목표를 설정하라고 교원에게 요구하는 것은 거의 불가능한 일이다. 그럼에도 평가 결과를 A부터 D까지 수치로 평가하고 이 수치로 성적을 판정하는 것은 교육에 맞지 않다.

수치화한 목표로 성적을 판정하면 교원은 학교장을 비롯한 교원위원회의 지시에 순응하기 마련이다. 즉, 일정한 목표를 실현하기 위해 노력하는 '능력 있는 선생', '의욕 있는 선생'은 나오겠지만 학생의 실상을 파악해서 스스로 공부하는 교원은 배제될 것이다. 이는 교원의 관리일 뿐, 교육의 관리는 아니다.

물론 교원의 자기평가나 다른 사람의 평가가 불필요하다는 것은 아니다. 다만 올바른 교원평가는 교원 상호 간의 수업이나 학생 지도 등이 포함된 연수 형태로 진행되어야 한다. 교육위원이 참여할 수도 있고 학부모나 지역 주민이 참여할 수도 있는 열린 장으로 만드는 것이 중요하다. 바꿔 말하면 상호평가를 통해 스스로 깊이 연구함으로써 풍요로운 교육을 만들어

낼 수 있어야 한다.

이렇게 보면 교원 및 학교 현장과 교육위원회 간에 감정의 골이 무척 깊은 것을 알 수 있다. 그리고 이 갈등을 더욱 깊게 만드는 것이 교과서 채택 제도이다.

교과서의 무상화와 채택 절차

기초교육에서 고등교육까지 어떤 수준이든 교과서를 일방적으로 밀어붙이는 것은 수업 담당자에게 고통스러운 일이다. 미국, 프랑스, 독일, 핀란드, 한국과 비교했을 때 기초교육 수준의 교과서 채택권을 교육위원회라는 행정조직이 갖는 나라는 일본뿐이다. 미국, 독일, 핀란드, 한국은 각 학교, 즉 교원이 갖는다. 전후 일본에서도 1962년까지는 교원이 학교 단위로 교과서를 채택했다. 따라서 50대 후반이 넘은 사람이라면 학교가 지정한 서점에서 교과서를 구입한 기억이 남아 있을 것이다.

지금과 같은 교과서 채택 절차가 만들어진 것은 1963년에 '의무교육 제(諸) 학교의 교과용 도서의 무상조치에 관한 법률(이하 '무상조치법')'이 시행되고부터이다. 패전 직후인 1947년에는 민간 출판사가 준비되지 않았다는 이유로 문부성이 교과서를 발행했다. 하지만 1948년부터는 문부성이 편집한 교과서와 민간 출판사가 편집한 교과서를 대상으로 교과서 검정이 시작되었다. 그리고 1949년부터 검정 교과서가 발행되었다(문부성이 편집한 교과서는 1953년까지 발행됨).

그런데 '무상조치법'이 시행되면서 검정 자체가 강화된 데다가 무상공급의 효율화를 꾀한다는 이유로 교과서 채택이 학교 단위에서 광역 일률 채

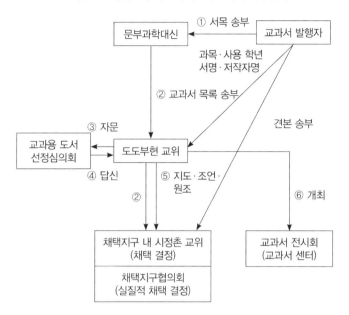

〈그림 2-3〉 공립 초등학교·중학교의 교과서 채택 절차

택으로 개정되었다. 문부성(문부과학성)의 교과서 검정, 그중에서도 문부성의 역사 인식은 충분히 논의해야 하는 사항이다. 하지만 여기서는 검정 문제에 대한 논의는 뒤로하고, 검정에 합격한 이후 교과서가 어떤 절차로 채택되는지 살펴보려고 한다(〈그림 2-3〉 참조).

공립 초등학교·중학교의 경우 어떤 교과서를 사용할지의 결정권은 법률상 그 학교를 설치한 교육위원회에 있다. 그러나 여기서도 도도부현 교육위원회의 영향력이 크게 미친다. 교과서 발행자(출판사)는 검정을 거친 교과서로 다음 해에 발행하려는 과목, 사용 학년, 서명, 저작자명을 문부과학상에게 제출한다. 문부과학상은 이를 일람표로 정리한 뒤 도도부현 교육위원회를 통해 시정촌 교육위원회와 학교에 교과서 목록을 배포한다. 이와 동시에 교과서 발행자는 견본 교과서를 도도부현 교육위원회와 시정촌 교육위원회에 송부한다.

'무상조치법'으로 교과서 채택을 광역 일률로 바꾼 결과, 교과서를 채택할 때는 '시 또는 군의 구역 또는 이들 구역을 합친 구역'(채택지구)이 설정되어 구역 내의 시정촌이 공동으로 동일한 교과서를 채택하게 되었다. 채택지구의 설정 권한은 도도부현 교육위원회에 있으며, 2012년 4월 기준 전국에는 585개 지구가 있다.

일반적으로 채택지구 내의 시정촌 교육위원회가 교원 또는 학부모와 함께 교과서 내용을 조사·연구해서 교과서를 선택하는 것이 바람직하다고 생각하지만, 도도부현 교육위원회는 적절한 채택을 위한다며 채택권자(시정촌 교육위원회)에게 지도와 조언을 하고 있다. 이를 위해 도도부현 교육위원회 산하에는 교과용 도서선정심의회가 설치되어 있다.

이 심의회는 전문적 지식을 가진 학교장, 교원, 교육위원회 관계자, 학식경험자 등으로 구성된다. 2011년 문부과학성 조사에 따르면 심의회의 구성원은 교육위원회 관계자(실제로는 사무국 간부) 33.6%, 교장 22.5%, 학식경험자 18.4%, 교원 15.1%로 나타났다.

도도부현 교육위원회는 이 심의회의 답신을 근거로 채택지구 내 시정촌 교육위원회를 지도하고 조언한다. 실제로 교과서 채택은 채택지구 내 교육위원회가 합동으로 만든 채택지구협의회에서 이루어진다. 채택지구 내 시정촌 교육위원회의 역할은 도도부현 교육위원회의 지도와 조언을 채택지구협의회에 보고하는 것뿐이다. 채택지구협의회의 구성원을 보면 교육위원회 관계자가 68.2%이고, 교장은 8.5%, 교원은 5.8%에 불과하다(2011년 기준). 쉽게 짐작할 수 있듯이 시정촌 교육위원회는 사실상 상위기관인 도도부현 교육위원회에 순종할 수밖에 없다. '무상조치법'에 따르면 표면적으로는 시정촌 교육위원회가 교과서 채택을 결정하도록 되어 있지만, 실제로는 채택지구협의회가 결정한 교과서를 추인할 뿐이다.

교원이 주체적으로 관여할 수 없는 교과서 채택

'무상조치법'이 정한 교과서 채택 절차에 따르면 학교는커녕 시정촌 교육위원회도 자치권을 가질 수 없다. 만일 시정촌 교육위원회가 독자적으로 교과서를 선택하면 이 교과서는 무상공급 대상에서 제외된다.

실제 2011년에 오키나와(沖縄) 현 야에야마(八重山) 지구의 다케토미(竹富) 정은 '새로운 역사 교과서를 만드는 회' 계열의 교과서를 거부하고 다른 회사의 교과서를 2012년부터 사용하기로 했다. 당연히 무상공급 대상에서 제외되었기에 정 내의 독지가가 교과서를 구입해 학생들에게 배포했다. 하지만 다케토미 정 같은 행동을 취하는 지자체가 지금껏 없었으므로 '무상조치법'에서 정한 시정촌 교육위원회의 교과서 채택과 현실 간의 모순이 문제시된 적은 거의 없었다.

무상공급의 효율성을 중시해서 교과서 채택을 광역 일률로 정한 것 외에도, 학교 현장과 멀리 떨어진 도도부현 교육위원회가 적절한 교과서 채택이라는 핑계를 대며 채택할 교과서에 대해 지도와 조언을 하는 것도 문제이다.

지금까지 이 책에서는 의무교육이라는 말을 쓰지 않았다. 의무를 완전하게 다할 책임 소재를 명확히 해두고 싶기 때문이다. 전전기와 달리 초등학교·중학교 기초교육을 받는 것은 학생의 권리이다. 국가와 학부모는 이

권리를 보장할 의무가 있다. 따라서 기초교육에서 사용하는 교과서가 무상인 것은 당연하다. 앞에서 예로 든 미국, 프랑스, 독일, 핀란드도 교과서를 무상으로 공급한다. 그렇지만 교과서 선택에 교원이 영향을 미치지 못하는 시스템은 아니다.

학생을 교육할 책임이 있는 교원과 그 집합체인 학교가 교과서 선택에 사실상 관여할 수 없는 구조는 교원을 단순한 교육 머신으로 취급하는 것이라고밖에 볼 수 없다. 게다가 여유교육을 실시한다고 발표하자마자 학력 저하를 비판하며 학습지도요령을 개정하고 이 요령에 따라 학생을 교육하도록 교원에게 엄격하게 요구하는 것이 지금의 현실이다.

다케토미 정교육위원회 같은 극소수의 예외도 있지만, 교육에서 민중 통제·비전문가 통제라는 말이 무색할 만큼 지역 교육위원회는 지역 교육에 무기력한 존재이다. 결국 일본의 교육행정 시스템은 '문부과학성(초등·중등교육국) – 도도부현 교육위원회(사무국) – 시정촌 교육위원회(사무국) – 학교장'으로 이어지는 하강형의 행정 시스템, 즉 종적 행정계열이다. 이런 시스템이 어떻게 만들어졌는지, 또 구체적인 특징은 무엇인지 다음 장에서 살펴보자.

옮긴이 해설 _

일본의 교육위원회 현황

일본에서 교육위원회는 도도부현과 시정촌마다 설치되어 있다. 1948년 7월 제정된 '교육위원회법'에 따라 같은 해 10월에는 모든 도도부현과 5대 도시에, 1952년 10월에는 모든 시정촌에 교육위원회가 설치되었다. 최근에는 다음 표에서 보는 바와 같이 일부 사무조합 형태나 공동 설치로 교육위원회를 두는 지역도 있다.

일본의 교육위원회 설치 현황(2011년 5월 1일 기준)

(단위: 개)

도도부현	시정촌							
	계	시	특별구	정	촌	일부 사무조합	공동설치	광역연합
47	1,831	786	23	750	183	86	1	2

자료: 고전, 『일본 교육 개혁론』(박영스토리, 2014), 356쪽.

교육위원회는 원칙상으로는 5명의 교육위원으로 구성되며, 교육위원은 지방자치단체장이 의회의 동의를 얻어 임명하고, 교육위원장은 교육위원 중에서 호선한다(교육위원은 학부모 대표를 포함해 대학교수, 기업 경영인, 단체 임원이 다수를 차지함).

교육위원회 업무를 보좌하기 위해 사무국을 두는데, 사무국의 책임자는 교육장이다. 교육장은 교육위원회가 교육위원 중에서 임명한다(2015년 4월 1일부터는 교육위원회 위원장과 교육장을 단일화해 지자체 수장이 의회의 동의를 얻어 임명하는 것으로 바뀜). 교육위원회 업무를 실질적으로 처리하는 기구는 사무국으로, 사무국에는 관내 교원이 다수 충원되어 교원 인사와 학교 지도 업무 등을 맡는다.

한국의 지방교육행정기관 현황

한국의 교육청 및 교육지원청 설치 현황(2014년 7월 1일 기준)

구분	시·도 교육청	지역 교육지원청
개수	17	176
기관장	교육감	교육장

한국은 위의 표에서 보는 바와 같이 광역자치단체에 교육청이 있고, 교육청의 하급 행정기관으로 1개 또는 2개 이상의 시·군 및 자치구를 관할구역으로 하는 교육지원청이 설치되어 있다. 교육지원청은 종전에 지역교육청이 일선 학교를 지도·감독하던 기능을 현장 지원 기능으로 전환하기 위해 2010년 9월 1일 자로 일제히 명칭을 바꾼 것이다.

한국과 일본의 지방교육행정기관 비교

① 일본은 도도부현·시정촌 모두 교육자치구역인 데 비해, 한국은 광역자치단체인 시·도만 교육자치구역이다.

② 일본은 교육행정기구가 지방자치단체 내의 행정위원회로 통합된 형태(절충형)를 취하는 데 비해, 한국은 직선으로 선출된 교육감이 교육행정에서 독임제(獨任制) 집행기관의 장 역할을 한다(단, 의결기관은 시·도 의회로 통합됨).

③ 지방교육 재정 면에서 일본은 일반행정과 교육행정을 분리하지 않고

'지방교부세법' 하나로 통합해서 교부금을 지원하는 데 비해, 한국은 '지방교부세법'에 따라 일반행정 교부금을, '지방교육재정교부금법'에 따라 지방교육재정 교부금을 따로 지원하며 예산편성권도 시·도와 시·도 교육청에 각기 부여한다. 그러나 지방자치단체 일반회계 전입금(지방교육세 전액, 담배소비세 전입금, 시도세 전입금, 학교용지부담금, 기타 비법정 전입금 등)은 별도로 지원하도록 되어 있다. 따라서 예산 편성 시 지방자치단체와 교육청 간에 긴밀한 협조가 요구된다.

제3장

교육위원회제도의 탄생 과정

1. 전후 개혁과 교육의 민주화

전전기 지방교육행정의 변천

지금까지 유지되고 있는 문부성(2001년 문부과학성으로 바뀜)이 만들어진 것은 1871년으로, 근대적인 학교제도를 창설하기 위해 설치되었다. 다음 해인 1872년에는 메이지 정부가 학제를 공포하고 국민개학을 호소했다. 그렇지만 학제 아래에서 교육행정은 고도로 집권적이었으며 소기의 목표를 달성하지도 못했다. 1897년 메이지 정부는 학제를 대신해 교육령을 공포했는데, 교육령은 전국의 교육 사무를 문부경의 관할로 두도록 하고 학교 설치 요건 등을 완화하는 내용을 담았다.

이렇게 해서 문부성(1885년 내각제도 도입으로 문부경이 문부대신으로 바뀜)과 교육령을 중심으로 한 근대 학교제도가 출발했다. 이후 문부성의 권한과 기구는 물론, 학교제도도 수많은 변천을 거듭했다. 그렇지만 이 책은 일본의 교육행정사와 문부성사를 논하는 것을 목적으로 하지 않으므로 이와 관련된 내용은 생략한다. 그 대신 제2차 세계대전 이후 민주개혁의 일환으로 시행된 교육행정 개혁이 무엇인가를 살펴보기 위해 전전기의 지방교육행정 시스템을 개관하려 한다. 한마디로 말하면 전전기 교육행정은 극히 관치적이고 국가주의적이었다. '메이지헌법'에 '신민권리의무'(제2장)는 규정된 반면, 현행 '일본국헌법'의 '교육을 받을 권리'(제26조)나 '학문의 자유'(제23조)는 규정되어 있지 않았다.

1890년에는 부현제·군제라는 '지방단체법' 시행에 맞춰 '지방학사통칙'이 제정되었다. 또 초등학교령이 개정되었고 지방교육행정은 지방장관(부현 지사)에게 맡겨졌다. 이 과정에서 초등학교는 시정촌 고유 사무가 아니라 국가 사무로 바뀌었다. 단, 초등학교의 시설 정비나 교원의 급여, 기타 재정 부담은 시정촌에 부과되었다(1940년 이후에는 부현에서 교원 인건비를 부담함).

국가의 보통지방행정기관(중앙 각 성의 종합파견기관)을 책임지는 지방장관에는 내무대신이 내무성의 고급 관료를 임명했다. 그래서 내무대신을 비롯한 각 성 대신의 소장사무가 이들 각 성 대신의 지휘·감독하에 집행되었다. 지방교육에서도 '문부대신 – 지방장관 – 군장(군제는 1921년에 폐지됨) – 시정촌장(학무위원)' 계열이 만들어졌다. 여기서 학무위원이라는 직위는 시정촌장의 보조 기관으로서 국가의 일인 교육을 말단에서 담당했다.

1942년경 전전기 말기에는 부현청 내의 내무부가 교육뿐 아니라 학예, 종교, 사적(史蹟) 행정까지 도맡았다. 그런데 1928년 공포된 지방관관제 칙령에 따라 부현에는 전임의 시학관(視學官) 제도가 만들어졌다. 시학관의 임용 자격은 중학교 이상의 교장, 교관, 교원을 2년 이상 역임한 자였으며, 명칭대로 학교교육의 감독자였다. 이런 지방교육행정의 시스템하에서 국정 교과서와 함께 국가주의적인 교육(천황의 신민교육 또는 황민교육)이 점차 강화되었다.

미국 교육사절단의 교육행정 개혁 요구

제2차 세계대전에 패전한 일본은 연합국의 점령을 받았다. 일본의 최고 권력이 된 GHQ(General Headquarters, 연합국 군최고사령관 총사령부)는 정치·행정·경제·사회에 걸쳐 철저한 민주개혁을 요구했다. 천황제 국가를 유지하던 국가주의적 교육 및 행정기구에 대한 민주개혁은 GHQ가 실시하는 전후 개혁의 주요 타깃이었다.

단, 일본에 대한 점령 통치는 독일과 같은 직접 통치가 아니라 간접 통치였다. 즉, 육군성과 군수성 같은 군사 면의 중앙 행정기관은 바로 해체되었지만, 대장성과 문부성, 내무성 등 전전기의 중추 행정성은 패전 후에도 존속되었다. GHQ는 이들 기관에 개혁의 기본 방향을 지시하면서 구체적인 개혁을 위한 법률 등의 제정 및 개정 작업을 맡겼다. 물론 GHQ는 이 개정 작업을 감독하면서 하나하나 수정 작업을 지시했다.

한편 일본의 관료기구는 패전과 민주화라는 환경의 격변 속에서도 조직의 존속과 영향력 유지를 호시탐탐 노렸다. 이는 지금부터 살펴볼 교육행정뿐만 아니라 전후 개혁의 많은 국면에서도 마찬가지였다. 관료기구는 GHQ의 지시를 수용하면서도 협의와 절충 과정에서 자기 이익을 보전하려고 했다. 점령 통치의 실상은 결코 GHQ의 전면적인 강압이 아니었다.

또 GHQ는 미국에서 전문가를 초빙해 전후 일본에서 시행할 제도 개혁의 기본을 조사·연구하도록 했으며, 교육 및 교육행정기구의 이상적인 구조를 만들기 위해 사절단을 초빙하기도 했다. 1946년 3월 일본을 방문한 미국 교육사절단은 교육 과정과 교수법, 인사에 대한 문부성 권한 폐지, 내무성과 문부성의 단절, 시학관 제도 폐지, 공립 초등학교·중학교의 교육행정 권한을 도도부현 및 시정촌으로 이관, 일반 민중의 직선으로 선출된 위원으로 구성된 정치적 중립이 보장된 교육위원회를 도도부현과 시정촌에 설치한다는 등의 내용을 중심으로 하는 보고서를 작성했다. 보고서는 전전기 교육행정을 밑바닥부터 재구축할 것을 요구했다.

교육위원회제도 도입은 미국 교육사절단 보고서에서 유래했음이 틀림 없다. 사절단이 요구한 교육위원회(board of education)는 미국의 도시 지자체에서 주로 볼 수 있는, 특정한 목적의 지방정부로서 학교구를 담당하는 집행부를 모델로 한 듯한데, 그 개념이 직수입된 것은 아니다. 학교구는 주민이 직접 선출한 집행부로 구성된 교육행정을 위한 지방정부로 지자체의 교육행정 전반을 맡는다. 또 교육행정 운영을 위한 과세권을 갖는다. 미국 교육사절단의 조사에 협력하기 위해 일본 정부가 조직한 일본교육가위원회(이후 교육쇄신위원회로 확대)도 "크게는 교육의 민주화에 참고가 되지만 미국에서 말하는 학교구를 그대로 제도화할 수는 없다"라고 밝힌 바 있다.

교육의 민주화와 독립성을 추구한 문부성

패전 후 문부성은 전전기 자신들의 정치적 위치와 행위로 볼 때 존속하기 어렵다고 여긴 듯하다. 그래서 문부상뿐 아니라 국장급 간부에 학자와 문화인을 등용해서 교육의 민주화를 위한 방책을 도모하는 한편, 문부성의 독립성 강화에 주력하며 살아남기 위한 방안을 모색했다. 문부성이 독립성 강화를 위해 대항할 상대는 내무성이었다.

앞서 말했듯이 전전기에는 내무대신이 지방장관을 임명하고 인사·조직상으로 지휘·감독했는데, 이 지방장관에 소속된 현청 내무부가 지방교육행정을 맡았다. GHQ는 지방장관의 직접선거제를 도입해 지방제도를 철저히 민주화하도록 요구했다. 내무성 내에서는 지방장관 직접선거제를 도입하는 데 이론이 있었지만 당시 최고 권력인 GHQ의 지시를 거역할 수는 없었다. 결국 1946년에 단체 종별마다 '지방단체법'인 도제·부현제·시제·정촌제를 개정한 데 이어 1947년 5월에는 이를 통합 정리한 '지방자치법'을 시행했다.

하지만 내무성은 이 과정에서 지자체는 종합 행정의 주체여야 하며 지자체를 통할하는 것은 직선의 수장이라는 사실을 강조했다. 즉, 전전기와 정치적 맥락은 다르지만 교육행정도 수장의 통할하에 두기로 한 것이다. 물론 지자체가 종합 행정의 주체라는 것은 허울에 불과했다. 무엇보다도 기관위임사무제도의 도입은 중앙 각 성이 수장을 할거적으로 통제할 수 있는 구조를 만들었다.

문부성 입장에서는 내무성의 이 같은 구상이 지방제도의 민주화로 실현되면 문부성은 분명 존립의 위기를 맞을 터였다. 오기와라 가쓰오(荻原克男)가 전후 교육행정 개혁을 연구한 『전후 일본의 교육행정구조(戰後日本の教育行政構造)』(勁草書房, 1996)에서는 내무성과 문부성의 대립 관계를 상세한 사료를 기초로 분석하고 있다.

그의 연구에 따르면 다나카 고타로(田中耕太郎), 마에다 다몬(前田多門), 나이토 요사부로(內藤譽三郎) 등의 학자와 문화인인 문부성 최고 간부는 세세한 부분에서 의견을 달리하는 경우도 있었다. 하지만 교육행정이 일반(내무)행정에서 분리·독립을 꾀해야 한다는 점을 교육개혁의 고유한 논리로 삼아야 하며, 분리·독립이 이루어져야 비로소 민주주의에 입각한 교육이 실현될 수 있다는 데에는 의견을 같이했다. 오늘날에는 '일반행정에서 교육행정의 분리·독립론'이 교육행정 전문가들의 더욱 확고한 명제가 되었지만, 이에 대해서는 나중에 논의하려고 한다.

하지만 GHQ가 일본의 행정기구 개혁의 최대 타깃으로 삼은 것은 문부성이 아니라 내무성이었다. 내정의 종합 관청으로 치안경찰(특별고등경찰)까지 거느린 내무성은 천황제 국가의 중핵 관청이었다. 이 때문에 내무성

은 지방제도 개혁 등을 완료한 후 1947년 12월에 해체되었다. 반면 GHQ
는 문부성에 대해서는 비교적 관대했다고 할 수 있다.

문부성은 미국 교육사절단이 제시한 내무성과의 분리를 실행하고 교육
위원회 설치의 후원자로 나섰다. 더불어 일반행정에서 교육행정의 분리와
독립이라는 논리를 내세워서 1947년 초부터 GHQ 내 부국인 CIE(Civil In-
formation and Education: 민간정보교육국)와 절충을 거듭한 끝에 교육위원회
제도를 도입하기 위한 법안 작성을 추진했다.

교육위원회제도의 출발

교육위원회 법안이 중의원에 제출된 것은 1948년 6월이다. 그리고 다음
달인 7월에 국회에서 통과되어 공포·시행되었다. 이처럼 단기간에 국회를
통과한 것은 중의원 문부위원회가 심의할 때 참의원도 함께 예비심사를 했
기 때문이다.

전후 교육행정의 상징이라 할 수 있는 교육위원회제도에서 교육위원을
선임하는 절차는 〈그림 3-1〉과 같다. 이를 토대로 전후 교육행정의 요점을
살펴보자.

① 교육위원회는 수장으로부터 독립한 행정위원회로, 7명(도도부현) 또는
   5명(시정촌)의 위원으로 구성되며 모든 도도부현과 시정촌에 둔다. 교육
   위원 중 1명은 의회에서 선출하며, 다른 위원들은 주민 직선으로 선출
   한다. 단, 재정 상황을 고려해 우선 도도부현과 5대 도시(오사카, 교토, 나
   고야, 고베, 요코하마)는 1948년 10월에 설치하고, 기타 시정촌은 1950년

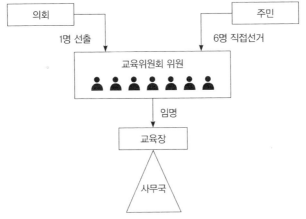

〈그림 3-1〉 '교육위원회법'에 따른 교육위원 선임 절차(도도부현 교육위원회)

주: 1) 시의 교육위원은 5명으로 구성되며, 직접선거로 4명을 선출하고 의회가 1명을 선출함.
  2) 교육위원장은 교육위원 중에서 호선함.

10월에 설치하기로 했다. 하지만 그 후 시정촌에 교육위원회를 설치하는 일은 1952년 10월로 연기되었다. 교육위원회 설치를 희망하는 시정촌은 이러한 제한을 받지 않았다. 교육위원은 자원봉사자가 아니며 의원과 동등한 보수가 지급된다. 1948년까지 임의 설치 대상 시정촌 가운데 지바(千葉) 시, 도야마(富山) 시, 우라와(浦和) 시 등 46개 시정촌이 교육위원회를 설치했다.

② 교육위원의 선거권은 해당 지자체의 유권자가 갖는다. 교원이 교육행정에 참여하기를 요구하는 GHQ와 CIE의 요청에 따라 현직 교원에게도 피선거권이 인정되었다. 교육위원에 입후보하려면 60명 이상의 추천인이 필요하다. 현직 교원이라면 당선 후에 교원직을 사임해야 한다. 이 피선거권에 관한 규정은 이후 '교육위원회법'과 제도에 대한 비판의 초점이 되었다.

③ 도도부현 교육위원회는 도도부현이 설치한 학교와 교육기관을 소관하며, 시정촌 교육위원회 역시 시정촌이 설치한 학교와 교육기관을 소관한다. 교육위원회는 학교 등의 설치·폐지·관리를 의회의 의결을 거치지 않고 집행하거나 교과서 선정을 포함해 교과의 내용을 결정하는 사무를 주로 담당한다.

④ 교원의 인사권은 각각의 교육위원회가 갖는다. 즉, 시정촌립 학교의 교원인사권은 시정촌 교육위원회가 갖고, 도도부현립 학교의 인사권은 도도부현 교육위원회의 소관이다.

⑤ 교육위원회는 자신의 사무와 관련된 조례안과 예산안의 원안을 작성해서 의회에 제출할 수 있다.

⑥ 교육위원회의 사무는 교육위원회의 지휘·감독 아래 교육위원회 회의에서 임명된 교육장에게 맡겨진다.

⑦ 문부성은 이상과 같은 교육위원회 활동에 대해 일반적 지휘·감독권을 갖지 못하도록 한 것이 '교육위원회법'의 특징이다.

'교육위원회법'이 정한 교육위원회제도의 목표는 교육의 민중 통제 및 지방분권 실현이라고 할 수 있다. '교육위원회법'의 초안 단계에서 GHQ 및 CIE와 문부성이 절충한 내용은 앞에서 말한 오기와라의 『전후 일본의 교육행정구조』를 비롯한 많은 연구에 남아 있다. 이들 연구에서는 문부성이 민중 통제 및 철저한 지방분권에 적극적인 것만은 아니었다고 전한다. 예를 들면 문부성은 교육위원의 직선제에 부정적이었으며, 교육위원 선출에 대해서는 일정한 추천 단체가 후보를 뽑은 뒤 이를 주민 선거에 부치는 방식을 주장했다. 교원의 인사권도 도도부현 교육위원회가 갖고 시정촌 교육위원회는 구신권(具申權, 상사에게 의견이나 희망사항 등을 올리는 것을 일컬음)만 갖도록 하자고 주장했다. 그러나 GHQ 및 CIE가 이를 인정하지 않았다. 한편 GHQ 및 CIE는 교육위원을 순수한 자원봉사로 할 것을 요구했지만 문부성은 정액 보수제를 주장했다. 이에 대해서는 GHQ 측이 타협한 것으로 보인다. 하지만 가장 중요한 것은 문부성이 '교육위원회법'안 가운데 집요하게 요구한 지방교육위원회에 대한 일반적 지휘·감독권이 우여곡절 끝에 GHQ 및 CIE에 의해 삭제되었다는 사실이다.

그렇다면 여기서 한 가지 의문이 생긴다. 앞서 봤듯이 학교의 설치·관리, 교원인사권, 교과 내용의 결정이라는 지방교육행정의 근간을 직선의 교육위원으로 구성된 교육위원회에 맡기면 문부성은 적어도 기초교육과 관련된 행정에서 철수했을까? 그러나 전후 개혁 때부터 오늘날에 이르는 교육행정을 보면 실제로는 그렇지 않다. 문부성은 지금도 지방교육행정에 영향력을 행사하고 있다. 문부성이 살아남은 과정에 이러한 기현상을 초래한 의문의 열쇠가 있다는 점에 입각해서 구체적인 내용을 살펴보자.

2. 문부성이 살아남은 이유

중앙교육행정조직의 개혁 구상

제2차 세계대전에 패해 연합국의 점령하에 놓이자 일본 정계 및 정부 내에서는 중앙교육행정조직으로 문부성을 존속시키는 것은 위험하다는 의견이 많아졌고 새로운 중앙교육행정조직에 대한 구상이 잇따라 나왔다. 문부성이 전전기에 교육행정뿐 아니라 종교와 문화 정책에서도 천황제 국가를 지탱했던 사실을 직시하면 문부성을 이렇게 인식하는 것은 당연한 일이었다. 각 정당별로 일본진보당은 문교본부, 공산당은 최고문화교육회의, 민주자유당은 문화성, 사회당은 중앙교육위원회라는 구상을 표방하면서 중앙정부의 교육·학술·문화에 관한 행정을 고차원적인 기능에 한정할 것을 주창했다.

정부 내에서도 문부성의 존속에 대한 회의적인 시각이 대두되어 새로운 중앙교육행정조직이 구상되었다. 앞서 언급한 미국 교육사절단의 조사를 보좌하기 위해 일본 측이 조직한 일본교육가위원회는 문부상의 자문기관으로 중앙교육위원회의 설치를 제안했다. 이후 이 위원회를 확대한 교육쇄신위원회는 1947년 12월, 문부성을 중앙교육위원회와 문화성으로 분할하는 구상을 제안했다. GHQ는 이 중 문화성에 대해 정부가 문화에 개입하는 듯한 이미지를 주는 것은 바람직하지 않다고 봤다. 그래서 다음 해 2월 중앙교육위원회와 학예성으로 재편하는 구상으로 수정했다. 이 중앙교육위원회 구상에는 위원의 구성과 선임 방법이 구체적으로 제시되었다. 위원은 15명으로 구성하는데, 그중 6명은 도도부현의 교육위원으로 구성된 선거인이 뽑은 12명 중 문부상이 지명하고, 2명은 양원(중의원·참의원)이 각 1명을 지명하며, 나머지 7명은 문부상이 국회의 동의를 얻어 지명하는 것으로 정했다.

한편 문부성을 포함해 새로운 중앙행정기구의 형태를 심의한 정부의 행정조사부는 1947년 12월, 전후 일본에 다수 설립된 독립행정위원회의 하나로 중앙교육위원회를 만들고 사무국 기능을 담당하는 학예성을 설치하는 안을 검토했다.

이처럼 일본 정부와 정당이 새로운 중앙교육행정조직에 관한 구상을 제안했는데도 GHQ는 이들을 지지하지 않고 문부성을 상대로 교육의 민주개혁을 추진했다.

GHQ가 문부성을 존속시킨 이유

GHQ가 주도한 전후 개혁에는 오늘날까지도 문서로 해명되지 않은 부분이 있다. 예를 들면 지방장관 직접선거제를 강하게 요구하던 GHQ는 직접선거와 제도적으로 모순되는 기관위임사무제도는 묵인했다. 공무원제도가 형성되자 GHQ는 미국에서 대일 합중국인사행정고문단(후버 고문단)을 불러들여 개혁안을 마무리하도록 했다. 그렇지만 노동기본권의 제약 등에서 알 수 있듯 이 개혁안은 민주개혁이라고 하기에는 미흡한 면이 있다.

결론부터 말하자면 GHQ가 문부성을 왜 존속시켰는지는 여전히 밝혀지지 않았다. 교육행정학계에서는 GHQ(CIE)가 문부성 해체를 추진하지 않고 오히려 문부성의 존치를 전제로 교육개혁을 완수하려 했다는 것을 사실로 인정한다. 하지만 이것으로는 납득이 가지 않는다.

이에 대한 이유로 교육행정학자 히라하라 하루요시(平原春好)는 무라마츠 다카시(村松喬)와 가이고 도키오미(海後宗臣)의 저서를 인용했다. 그 결과 그는 전국 방방곡곡에 통제력을 가진 문부성을 남기는 쪽이 점령 통치에 효과적이라고 판단했거나, 일거에 조직된 교직원조합이 교육시설의 정비를 추진하기 위해 문부성의 존속을 GHQ에 반복해서 진정했기 때문이라고 추론했다.

한편 오기와라는 내무 관료인 고바야시 요소지(小林与三次, 후에 자치청 사무차관 역임)의 말을 인용해 "우리가 강경히 버텼기 때문"이라고 추론했다. 즉, 내무 관료는 GHQ를 설득하고 다루어야 한다는 생각을 하지 않고 맞섰기 때문에 내무성은 해체된 반면, 그렇게 하지 않은 대장성과 문부성은 살아남았다는 이야기이다. 이는 자화자찬 같지만 일면 진실일 수도 있다. 문부관료기구라는 외형을 남기는 것이 점령 통치에 효율적인 데다, 자유주의파인 GHQ 관료들이 교직원조합에 호의적인 감정을 갖고 있었으며, 내무성을 해체하느라 GHQ가 이미 힘에 부쳤다는 것이다. 그러나 문부성이 존속된 이유는 여전히 수수께끼이다.

역사에서는 '만약'이라고 가정하는 데 매우 신중해야 하지만, 교육쇄신위원회나 행정조사부의 새로운 중앙교육행정조직이 실현되어 독립행정위원회로서의 '중앙교육위원회 – 도도부현 교육위원회 – 시정촌 교육위원회'라는 시스템이 만들어졌다면 이후의 교육행정은 또 다른 모습으로 전개되었을 것이다.

새롭게 단장한 문부성

살아남은 문부성은 교육위원회에 일반적 지휘·감독권은 가질 수 없었지만 새롭게 단장함으로써 지자체 교육행정에 계속 영향력을 미쳤다. 앞에서 본 대로 '교육위원회법'을 중심으로 한 중앙정부와 지자체의 관계는 법제도적으로는 분리형이지만 실상은 달랐다.

전후 살아남은 중앙관청은 전전의 각성관제에 법적인 근거를 두고 있었다. 즉, 전전기에는 '각성관제통칙'(칙령)이 관청편제의 기준이었는데, 국회제정법을 통해 잠정적으로 형태가 변경된 '행정관청법'을 기초로 각성관제를 그대로 유지한 것이다. 문부성도 전전기의 문부성관제를 근거로 했지만, 지방교육행정에 대한 일반적 지휘·감독권이 부정된 이후 1948년에 관제를 개정해서 지방교육위원회 등에 대한 기술적·전문적 조언과 지도를 맡았다.

한편 GHQ는 모든 행정기관은 국회 제정법을 따르도록 지시해 1948년에는 행정기관의 설치, 행정기관의 종류, 내부 조직, 부속기관, 지방지분부국(地方支分部局) 등의 내용을 정한 '국가행정조직법'이 제정되었다. 각 성은 '국가행정조직법'을 조직편제의 기준법으로 삼아 각각의 설치 법안을 국회에 제출해 동의를 받았으며, 1949년 이후 설치법에 따라 새롭게 출발했다.

이 같은 개혁은 민주정치에 요구되는 법치행정원리를 기반으로 한 것이라 할 수 있다. 그렇지만 이러한 개혁이 어느 정도의 내실을 다졌는지를 놓고 보면 많은 의문이 뒤따른다. 원래 각 성 설치법 등의 행정조직법은 주권자인 국민이 공복인 공무원과 그 조직을 통제하고 관리하기 위한 법이다. 따라서 국민에게 권력을 행사하기 위한 법률인 행정작용법을 따로 두고 그것을 담당함으로써 임무가 부여된다. 그런데 전후 개혁기에 각 성 설치법을 제정할 당시에는 이런 행정작용법과 행정조직법의 관계를 전혀 고려하지 않았다. 행정조직법에 따른 관청의 활동도 법률을 기반으로 한 행정이라는 오해가 만연해 관청의 권한이 커져갔다. 이는 필자의 『행정지도: 관청과 업계의 사이(行政指導: 官厅と業界のあいだ)』(岩波新書, 1992)와 『강의 현대 일본의 행정(講義 現代日本の行政)』(東京大学出版会, 2001)에서는 물론 이 책에서도 논하는 것처럼 전후의 교육행정에 잘 드러난다.

상의하달식 구조의 심화

앞에서 논했듯 1948년에 단행된 개정 관제는 문부성이 지방교육위원회에 "기술적·전문적 조언과 지도를 한다"라고 규정했다. 그렇지만 '국가행정조직법'에 따라 1949년 제정된 '문부성설치법'은 지방교육위원회 등에 "전문적·기술적 지도와 조언을 한다"라고 규정했다. 또 일본이 독립한 이후인 1952년에 개정된 '문부성설치법'은 "지도·조언 및 권고를 한다"라고 규정했다. 언뜻 보면 전후 초기의 관제와 1949년, 1952년의 '문부성설치법'에 명기된 성의 임무에 대한 규정의 변화가 사소해 보일지도 모른다. 하지만 '기술적·전문적'이 '전문적·기술적'으로 뒤바뀌고 '조언·지도'가 '지도·조언'으로 뒤바뀐 데다 '권고를 한다'라고 명시함으로써 상의하달의 색채가 짙어졌다.

일반적으로 행정법학과 실무의 세계에서는 지도·조언·권고는 그 자체로 행정명령이 아니므로 권력적 행정이 아닌 비권력적 행정으로 생각된다. 또 문부성도 지방교육위원회를 문부성의 하급기관으로 취급하는 기관위임사무가 적다는 점을 들어 지도·조언 행정이야말로 교육행정의 본질이라고 주장하면서 스스로 교육에 대해 '서비스하는 관청'이라고 강조했다.

물론 지도·조언·권고는 행정명령이 아니다. 그러나 지도·조언·권고가 가능한 구조로 되어 있었다. 또 실무에서 중앙관청의 지도·조언에 지적·전문적으로 의존하는 관행이 불식되지 않으면 상급·하급의 관계 또는 상호의존하는 관계는 쉽게 개선되지 않을 것이다.

교육행정에서 지방교육위원회를 설치해 교육의 민중 통제와 전문성을 확보한 점이 전후 개혁의 성과이긴 하지만, '국가의 교육책임', '전국 평등

교육'이라는 명제가 본뜻과 달리 지나치게 강조되었다. 또 교육위원회가 선임하는 교육장과 사무국에 교육의 전문성을 위임하도록 제도화하긴 했지만, 교육장과 사무국은 초등학교·중학교 기초교육의 핵심을 스스로 결정할 만큼 준비가 되어 있지 않았다. 게다가 1만 2000여 개의 시정촌에 6·3제 의무교육을 실시하는 것은 재정 부담이 대단히 컸다.

지도·조언을 핵심으로 하는 교육행정 논리의 문제점은 다음 장에서 논하겠지만, 여기서 강조해두고 싶은 것은 지도·조언·권고가 '문부성설치법'에서는 문부성의 임무이자 사무로 규정되어 있다는 사실이다. 즉, 무엇을 대상으로 어떤 지도·조언·권고를 할지는 문부관료기구의 재량으로 되어 있다. 그렇기 때문에 교육위원회가 기초교육에 대한 전권을 쥔 것처럼 보이는 제도하에서도 문부성은 '서비스하는 관청'이라고 주장하면서 지방교육행정에 계속 영향력을 행사할 수 있었다. 그리고 이러한 영향력이 강해지면서 지방교육행정은 중앙정부와 지자체의 분리형에서 양자의 융합형으로 변용되고 말았다.

3. 문부성의 교육 통제 과정

≪교육위원회월보(敎育委員會月報)≫를 통한 지도와 조언

점령기 후기부터 1952년의 일본 독립, 1956년의 '지방교육행정법' 제정에 따른 '교육위원회법' 폐지에 이르는 시기는 GHQ와 보수 정권을 기축으로 한 정당정치 때문에 교육 정책이 농락된 시대였다. 한편으로는 이러한 외부의 정치 환경에서 살아남은 문부성이 권력을 회복해가는 시대이기도 했다.

지방교육위원회에 대한 일반적 지휘·감독권이 부정된 문부성은 교육위원회에 통고나 통지를 할 때 CIE의 심사를 받아야 했다. 이러한 제약을 회피하기 위해 창설한 것이 ≪교육위원회월보≫였다. 이 월보는 교육위원회에 문부성의 의사를 전달하는 수단으로 사용되었다.

≪교육위원회월보≫는 1947년부터 발행되었다. 월보라고 하지만 1949년에는 연 2회, 1950년에는 연 4회 발행되다가 1951년부터 매월 정기적으로 발행되었다. 1951년 2월에는 문부성조사 및 보급국장의 이름으로 각 교육위원회에 「교육위원회월보에 대해서」라는 통지가 발송되었다. 이 통지는 ≪교육위원회월보≫의 발행 목적을 중앙정부와 지방 및 지방 상호 간의 연락 조정에 일조하고 교육위원회의 건전한 발달에 한층 기여하기 위함이라고 밝혔다.

≪교육위원회월보≫에는 교육위원회 사무국의 조직, 교육 관계의 조례·규칙, 회의 운영, 교육 제 법령의 해설 등의 사항을 게재하며, 교육위원회 회의는 미결의 회의록을 포함해 매월 말에 정리해서 다음 달 10일까지 문부성에 보고하는 것으로 되어 있었다.

이 통지에는 보고 양식이 첨부되었으며 기재 예시까지 상세히 게재되었다. 회의 기재 예시 중 "지도주임 설치 등 규칙에 대해 현(県) 교조, PTA 연합회에서 긴급 신청이 있다고 위원회 회의 중 위원회의 허가 없이 회의장에 침입해 다음과 같은 사항을 요망했다(요망사항은 전부 '……'으로 되어 있으며, 기재 예시는 없음)"는 내용까지 있는 것으로 보아 문부성의 의중이 잘 드러났다고 할 수 있다.

'교육위원회법' 제54조는 교육위원회 활동을 문부성에 보고하도록 정하고 있으므로 문부성이 보고를 요구하는 것 자체는 법적으로 문제가 되지 않는다. 하지만 정기 간행한 ≪교육위원회월보≫는 지방교육위원회의 활동 사례만 모은 것이 아니다. 교육위원회에 대한 지도·조언이라는 관점에서 중심이 되는 것은 CIE의 심사를 받은 통지 및 해설과 더불어 지방교육위원회의 질문(조회)에 대한 회답이다(행정 실무에서는 일반적으로 행정 실례라고 부름).

특히 교원 인사에서는 교원정수조례가 정하는 방식, 정치 활동의 범위, 임기부 교원의 채용 방식 등에 대한 조회·회답이 중심을 이룬다. 또 교육위원장이 임기 도중에 퇴임할 경우(이 경우는 위원장이 의원이어서 개선으로 퇴임함) 후계 위원장의 임기 등도 문의되고 있다. 이는 문부성에 문의할 필요조차 없는 내용으로, 지방교육위원회의 판단 수준을 엿볼 수 있는 대목이다. 하지만 ≪교육위원회월보≫에 기재된 행정 실례는 '교육위원회법' 말기로 갈수록 더욱 늘어갔다.

이처럼 ≪교육위원회월보≫는 문부성이 지방교육위원회를 지도·조언하는 수단이자 지방교육위원회를 통제하는 수단이기도 하다. 하지만 이와 동시에 문부성의 지도·조언을 수용하는 데 그치지 않고 지도·조언을 바라는 분위기가 지방교육위원회에 만연해 있기도 하다.

학습지도요령을 통한 지도·조언

'문부성설치법'에 규정된 지도·조언을 가장 잘 구현하는 한편 오늘날까지도 여전히 많은 논의를 불러일으키는 것은 바로 학습지도요령이다. 원래 학습지도요령은 미국의 '코스 오브 스터디(course of study)'를 모델로 문부성이 1948년에 교원용 학습 입문서로 작성한 것이다. 그러나 교원에게 반드시 준거하도록 요구되는 내용은 아니었다.

'교육위원회법'은 학교의 교육 과정을 구성하는 것을 학교와 교육위원회의 일로 정하고 있다. 그렇지만 실제 사회적으로는 교육 과정을 구성하는 교육위원회의 전문적인 능력에 대한 신뢰도가 그리 높지 않아 학교 간 또는 지역 간 교육 평준화를 바라는 목소리가 높았다. 당초 문부성이 학습지도요령을 학습 입문서라고 강조했음에도 학교 현장에서는 학습지도요령이 학습 계획을 세우는 전문적·기술적인 조언·지도의 역할을 담당했다.

이는 교육행정뿐 아니라 일본 행정의 중요한 결함이라고 할 수 있다. 법률이 바뀔 때마다 법률의 해석과 운용 방법을 중앙 각 성에 문의하는 등 관청을 일종의 지적·정신적 권위로 인식하는 분위기는 오늘날에도 여전하다. 더구나 교육 과정이 격변하고 교원 간의 능력 차가 큰 교육행정에서는 더욱 그렇다.

실제 '입문서'라는 용어는 1950년대 중반에 들어서면서 학습지도요령에서 사라지고 '교육 계획의 기준'이라는 용어로 불렸다. 이 근거가 되는 것은 '문부성설치법'이었다. 제2장에서 말한 교과서 채택만 하더라도 당시에는 학교 단위로 교과서를 채택했다. '교육위원회법'이 시행되던 시기에도 문부성은 학교 간 불균형이 생기지 않도록 지방교육위원회가 교과서를 채택하는 것이 바람직하다고 여겼다.

학습지도요령이 문부대신고시 형식을 취한 것은 '교육위원회법'이 폐지된 이후인 1958년이다. 이후 문부성은 학습지도요령이 법에 준한다는 위상을 정립했다. 이로써 학습지도요령이 교육 과정에 미치는 영향력은 한층 강해졌고, 이는 획일적 교육으로 연결되었다.

또 1990년 1월에 최고재판소는 덴슈우칸(伝習館) 고등학교 사건(세계사 수업이 학습지도요령에 준거하지 않았다고 해서 교원이 징계처분을 받은 사건) 판결에서 학습지도요령은 법적 구속력이 있으므로 징계처분이 정당하다고 인정했다. 이후 학습지도요령은 단지 입문서나 교육 과정의 기준을 의미하는 지도·조언의 영역을 훨씬 뛰어넘어 학교 현장을 지배했다.

교육위원회 및 사무국과 문부성을 잇는 협의기관 설치

≪교육위원회월보≫나 학습지도요령 외에 문부성이 지도·조언의 통로로 제도화한 것은 지방교육위원회와 문부성을 잇는 협의기관의 설치이다. 문부성은 '교육위원회법'이 시행되자 문부대신의 이름으로 지방교육위원회의 위원과 위원장을 회의에 소집할 수 없게 되었다. 하지만 교육행정의 지도·조언기관 또는 서비스 관청임을 자임하는 문부성에는 지방교육위원회의 위원과 사무국 직원을 직접 접하고 행정 실태를 파악함과 동시에 문부성의 의사를 전달하는 채널이 필요했다. 이에 문부성은 지방교육위원회 및 사무국과의 협의라는 체제를 택했다. 즉, 형식상으로는 대등한 관계를 내건 조직을 잇달아 설치한 것이다. 그 당시 설치된 조직들은 다음과 같다.

- 도도부현교육장협의회(1948년 11월)
- 전국도도부현교육위원회위원연락협의회(1948년 11월)
- 지방교육위원회위원연락협의회(1951년 6월, 시정촌 교육위원회 조직임)
- 5대시교육장협의회(1948년 11월)

- 5대부현교육장협의회(1949년 11월)
- 전국 도시교육장 및 교육부 과장협의회(1949년 3월)

이들 중 도도부현교육장협의회와 전국도도부현교육위원회위원연락협의회에는 홋카이도(北海道) 도호쿠(東北), 간토신에쓰(関東信越), 도카이호쿠리쿠(東海北陸), 긴키(近畿), 주고쿠(中国), 시코쿠(四国), 규슈(九州)를 블록으로 하는 협의회도 설치되었다.

이들 협의회는 모두 교육위원회와 긴밀히 연락하며 민주적 교육행정 추진을 설립 목적으로 내걸었다. 그렇지만 이들 협의회에는 교육위원회·사무국(교육장)은 물론, 문부성의 관료까지 출석했다. 특히 문부성이 중시한 것은 교육위원회의 실무를 책임지고 관리하는 도도부현 및 5대 시의 교육장협의회였다.

도도부현교육장협의회 총회에는 문부상과 사무차관 모두 출석하거나 안 되면 사무차관만이라도 출석했다. 주된 의제는 교육위원회의 실정을 문부성이 청취하고 이에 대한 문부성의 의사를 전달하며, 특히 국가 예산 편성 시에 교육예산을 충실히 반영할 것을 결의하는 것 등이었다. 1951년 4월 16~17일에 개최된 도도부현교육장협의회 총회에서는 퇴임하는 맥아더 사령관에게 감사장을 증정하자고 결의하는 일도 있었다. 이 같은 교육장, 교육협의회 외에 교육위원회 사무국 사무담당자의 협의회도 다수 만들어졌다. 지도부 부과장회의, 시설 관계 과장회의, 학교 급식 전국 주관과장회의, 도도부현 교원 인사급여 주관과장회의 등이다. 그리고 이들 협의회의 실무 담당자 회의에는 문부성 담당과의 관료가 출석했다.

요컨대 문부성이 교육위원회를 지도·조언하는 통제의 채널로 중시한 것은 행정위원회인 교육위원회가 아닌 사무국과 긴밀한 관계를 구축함이었다. 문부성은 도도부현 교육위원회 사무국의 지도부 과장인 지도주임을 모이게 해서 교육과정에 영향력을 행사할 수 있었다. 인사나 시설 면에서도 새로운 교육 시스템 아래 혼란스러운 교원 인사를 어떻게 하면 좋을지 지도했다. 전후 부흥 과정이고 6·3제 실시로 교사(校舍) 등이 절대적으로 부족한 상황이었으므로 문부성은 지방교육위원회의 비호자로 행동할 수 있었다.

'교육위원회법'에 따르면 교육위원회의 지휘·감독 아래 교육장이 사무를 집행해야 한다. 그러나 이러한 문부성의 행동을 보면 문부성은 교육에서 민중 통제라는 이념을 제도화한 교육위원회를 사무국이 움직일 수 있다고 생각한 것으로 보인다. 실제 이런 채널이 기능하기 전에는 문부성이 교육위원회를 더 높은 강도로 통제할 수 있는 제도로 바꿀 것으로 전망되었다.

교원 또는 교원 경험자로 구성되는 교육위원

전후 민주화와 함께 노동조합이 갑자기 여기저기서 생겼는데 교직원조합도 이때 만들어졌다. 교직원조합은 GHQ가 주도한 교육의 민주화라는 정치 과제를 실현하기 위해 조직을 넓혀갔다. '교육위원회법'에 따라 1948년 10월에는 앞에서 본 바와 같이 도도부현, 5대 도시 등에서 교육위원 직선이 치러졌다. 당시는 패전한 지 3년밖에 지나지 않아 민주개혁의 열기가 식지 않은 시기였다. 사회당 등의 좌익 정당과 교직원조합은 특히 대도시를 중심으로 총력을 기울여 교육위원 선거에 돌입했다.

교육위원 직선에서 당선된 도도부현 교육위원 중 현직 교원은 34.4%였다. 여기에 전직 교원까지 합하면 실제 교원의 비율은 71.6%였다. 도도부현 교육위원 가운데 교원 경험자가 차지하는 비율은 직선제의 마지막 단계인 1952년 10월 이후에도 50.8%였다. 교육위원회의 제도 이념을 교육의 민중 통제에 두면서도 실제로 교육위원의 다수를 점한 것은 교원 또는 교원 경험자였다. 게다가 교원인 교육위원을 지지한 것은 교직원조합이었다.

문부성이 교육위원회의 교육장 또는 사무국 기구를 통해 지방교육행정에 영향력을 높여가긴 했지만 그래도 제도가 내세우는 표면상 원칙에서 보면 교육위원회가 교직원조합의 영향 아래 놓이는 것은 보수당 정권과 문부성으로서는 묵과할 수 없는 문제였다. 특히 1950년 6월 25일에 한국전쟁이 발발하고 미소냉전이 격화되자 GHQ는 대일 점령 정책과 전후 민주화 정책을 수정해 보수정치 체제를 구축하는 쪽으로 방향을 바꾸었다. 또 1952년 4월 일본 독립을 계기로 보수정치를 통해 미국과의 동맹 관계를 강화하려는 움직임이 한층 활발해졌다. 그 결과 미국과의 동맹 관계를 비판하는 운동에 앞장서는 교직원조합의 영향력을 학교교육과 교육위원회에서 배제하는 것이 정권과 문부성의 중요한 과제가 되었다.

이런 상황에서 연기되었던 시정촌 교육위원회가 전면 설치되었으며, 1952년 10월에는 교육위원의 직선이 실시되었다. 원래 문부성은 교육위원회제도의 전면 설치에 적극적이지 않았다. 1952년 10월 전 시정촌에 예정된 교육위원 선거를 취소하고 교육위원회를 광역단위로 설치하는 '교육위원회법'의 개정안을 그해 통상 국회에 제출한 정도였다. 이유는 다양했다. 시정촌의 재정 상황이 견딜 수 없을 것이라는 판단도 있었고, 지방교육위원회의 협의기관을 통해 지도·조언을 하려면 지방교육위원회의 수를 한정하는 쪽이 효과적이라고 여긴 탓도 있었다. 또 교육위원회에 대한 교직원조합의 영향력이 더 확대되는 것을 두려워한 것도 사실이다.

그런데 문부성의 판단과 달리 교직원조합도 개정 법안에 찬성했다. 시정촌으로 분산된 선거에서는 조직력을 발휘하기 어렵다는 판단에서였다. 하지만 개정 법안은 1952년 8월 요시다 시게루(吉田茂) 수상의 예고 없는 국회 해산으로 폐기되고 1952년 10월에는 선거가 실시되었다. 문부성은 지방교육위원회설치추진본부를 만들고 젊은 관료를 각지에 파견해 지방교육위원회 전면 설치의 의의 등을 순회하면서 설명했다. 그렇지만 이는 단지 계발운동을 하기 위해서가 아니었다. 교직원조합이 법안에 찬성한 이유가 시정촌의 조직 취약성에 있음을 간파한 문부성이 교육의 민중 통제를 내세워 시정촌 교육위원회에 지방 명망가를 등장시키기 위해서였다.

교직원조합을 견제하기 위한 교육 2법

그러나 도도부현 교육위원회나 대도시 교육위원회에서 교직원조합의 영향력은 역시 대단했다. 이는 교육의 민주화를 향한 열의 때문이기도 했지만 교원의 처우가 열악하다는 점도 영향을 미쳤다. 이에 문부성은 처우 개선을 통한 교원의 영향력 확대에 착수해 1952년 8월 '의무교육비 국고부담법'을 제정했다. 1948년에 이 법의 전신인 '시정촌립 학교 직원급여부담법'이 제정되어 교직원 급여를 도도부현이 부담하도록 했는데, '의무교육비 국고부담법'에서는 교직원 급여의 일부를 국가가 부담하도록 정했다.

또 1953년에는 '의무교육학교 교직원법'안을 국회에 제출했다. 이 법은 교원 처우 개선을 내세웠지만, 초등학교·중학교 교직원을 국가공무원화하고 급여를 전액 국고에서 부담하기 위한 법안이었다. 말할 것도 없이 '의무

〈표 3-1〉 '교육위원회법'에서 '지방교육행정법'까지의 연표

연도		내용
1948년	7월	'교육위원회법' 시행. 도도부현과 5대 도시는 교육위원회를 의무적으로 설치해야 하나 다른 시정촌은 1950년부터 설치하기로 함. 단, 1948년 7월부터 임의로 설치할 수는 있도록 함
	10월	도도부현과 5대 도시에서 교육위원 선거 실시. 시정촌 교육위원회 설치는 1952년으로 연기됨
	11월	도도부현교육장협의회, 전국도도부현교육위원회위원연락협의회, 5대시교육장협의회 설치
1951년	2월	문부성 교육위원회제도협의회 설치. 1952년 10월에 예정되었던 전 시정촌에의 교육위원회 설치를 포함해 교육위원회제도의 형태를 심의
	11월	정령자문위원회 답신. 도도부현 및 인구 15만 명 이상인 시에 교육위원회 설치를 의무화함. 교육위원은 수장이 의회의 동의를 얻어 임명하기로 함
1952년	8월	'의무교육비 국고부담법' 제정
	10월	전 시정촌에의 교육위원회 설치를 중단하고 광역 설치하는 내용의 '교육위원회법' 개정 법안을 폐안
1953년	3월	전 시정촌에서 교육위원 선거 실시
	12월	'의무교육학교 교직원법'안 폐지. 제1차 지방제도조사회 답신. 도도부현과 5대 도시에 교육위원회를 설치하고 그 외 지역은 폐지하기로 함. 교육위원은 수장이 의회의 동의를 얻어 임명하기로 함
1954년	6월	교육 2법 제정
1956년	6월	'지방교육행정법' 제정
	10월	'지방교육행정법'에 기초한 교육위원회 발족

교육학교 교직원법'의 목적은 초등학교·중학교 교원을 국가공무원으로 전환해 '국가공무원법'을 통해 교원의 정치 활동을 금지하려는 데 있었다. 그러나 이 법안은 교직원조합뿐 아니라 야당과 언론인까지 교육의 지방분권화에 반한다는 이유로 반대하고 나서서 국회를 통과하지 못했다.

하지만 요시다 정권은 여전히 교육의 정치적 중립성 준수를 내세워 교원의 정치 활동 금지를 법적으로 확립하려고 했다. 이에 정권은 1954년 통상 국회에 '교육공무원특례법의 일부 개정법'안과 '의무교육 제 학교에서

교육의 정치적 중립의 확보에 관한 임시조치법'안, 이른바 교육 2법을 제출했다.

이에 앞서 중교심은 1954년 1월 18일 오다치 시게오(大達茂雄) 문부상에게 「교원의 정치적 중립성 유지에 대한 답신」을 제출했는데, 오늘날의 정부 심의회 답신에서는 생각할 수 없을 정도로 격렬한 내용을 담고 있었다. 이 답신에서는 "고등학교 이하의 학생과 어린이는 심신이 미성숙해서 정치의식을 정확히 갖기에 충분히 발달하지 않았으므로 교육 여하에 따라 쉽게 우로도 좌로도 바뀔 수 있다. 따라서 강한 지도력과 감화력을 가진 교원이 학생에게 자신이 신봉하는 특정 정치사상을 고취하거나 반대의 사고방식을 부인하며 공격하는 식의 행위는 어떠한 이유로도 용인되어서는 안 된다"라며 교원이 정치적 중립성을 수호해야 한다고 강조했다. 그렇지만 이 답신 자체가 고도로 정치적이라는 점은 누구나 알 수 있다.

교육 2법안은 이 답신을 반영해 공립학교 교직원의 정치 활동을 국립학교의 교직원과 같은 수준으로 금지하고 벌칙을 부과하려 했다. 당초 법안에서는 정치 활동을 하는 교직원은 국가공무원과 마찬가지로 형사처분하는 것으로 규정했다. 교육 2법안에 대해 교직원조합은 말할 것도 없고 정치계에서도 혹독한 비판을 가했다. 결국 정치 활동 금지는 국가공무원과 동일하게 적용하되 형사처분은 교육위원회에 의한 징계처분으로 수정되었다. 이들 교육 2법은 1954년 6월에 국회를 통과해 즉시 시행되었다.

문부성에 의한 교육 통제는 지방교육위원회에 지도·조언을 하기 위한 장치 만들기에서 시작되었으나 일본 독립을 전후한 시기에는 주로 교직원조합을 타깃으로 한 개별 교원 통제로 변해갔다. 그 결과 전후 초기의 교육민주개혁은 그야말로 형해화되었다. 정권과 문부성은 이런 단계를 밟아

'교육위원회법' 자체를 폐지하는 한편, 문부성 통제가 더욱 효과적으로 기능하는 교육행정제도를 구축하는 데 힘을 기울였다.

4. '지방교육행정법'의 핵심 쟁점

쟁점으로 떠오른 교육위원 직선제 폐지안

'교육위원회법'을 폐지하고 새롭게 제정된 '지방교육행정법'은 1956년 3월 8일 정부에서 국회로 제출되었고, 4월 30일에는 중의원에서, 6월 2일에는 참의원에서 가결되어 6월 30일 공포되었다. '지방교육행정법'은 무엇이 어떻게 바뀌었을까? '천하의 악법', '반동악법'이라고도 하는 이 법 때문에 교육에서 전후 민주개혁이 종언을 고했다고 개탄하는 사람도 있다. 여기서는 '지방교육행정법'을 둘러싼 쟁점을 살펴보자.

'지방교육행정법'안에는 문부성과 지방교육위원회의 관계, 교육위원회와 수장의 권한 관계 등 여러 가지 쟁점이 많았다. 그중에서도 최대의 쟁점은 교육의 정치적 중립성 확보를 내세워 교육위원 직선제를 폐지하고 수장이 의회의 동의를 받아 교육위원을 임명하는 제도로 바꾸는 것에 대한 시비였다. 동시에 이 법안에서는 문부상의 승인 아래 도도부현 교육위원회가 도도부현 교육장을 임명하고, 도도부현 교육위원회의 승인 아래 시정촌 교육위원회가 교육위원 중에서 시정촌 교육장을 임명하는 내용이 핵심 쟁점이었다. 이것이야말로 문부성이 지방교육위원회에 대한 관여를 강화하기 위한 '지방교육행정법'의 기초였기 때문이다. 하지만 교육위원 직선제 폐지는 법안에 갑자기 등장한 것이 아니었다. 문부성은 1951년 초기 단계부터 직선제 폐지를 위한 준비를 공식적으로 하고 있었다.

교육위원회제도협의회의 제안

문부성은 대신의 자문기관으로 1951년 2월 교육위원회제도협의회를 설치했다. 1952년 10월에 교육위원회를 전 시정촌에 설치하도록 예정된 가운데 교육위원회제도의 형태를 새롭게 개정하려 한 것이다. 교육위원회제도협의회는 교육 관계자뿐 아니라 수장, 지방의회 의원, 중앙 성청 관계자까지 포함된 대규모의 기구였다. 교육위원회제도협의회는 1951년 10월 당시 문부상인 아마노 데이유(天野貞祐)에게 답신을 제출했다. 이 답신은 폐안된 '교육위원회법' 일부 개정 법안의 기초를 구성했다. 교육위원회제도협의회의 답신은 규모가 크게 차이 나는 시정촌에 일률적으로 교육위원회를 설치하는 것은 타당하지 않으며 지자체에 설치 여부를 선택하도록 해야 한다는 내용을 담고 있었다.

그러나 논란의 핵심은 교육위원을 선임하는 방법이었다. 교육위원회제도협의회는 교육의 지방 분권 및 자주성의 관점에서 교육위원회제도를 존속시켜야 한다는 데에는 동의했다. 하지만 교육위원회제도의 취지가 주민의 손으로 교육을 실현하자는 것이므로 직선제를 유지해야 한다는 의견이 있었다. 반면 많은 위원을 선출하는 직선제는 경비가 많이 들고 입후보자가 한정되어 있기 때문에 교육위원회제도의 취지에 맞는 사람을 선출하기 위해서는 수장이 의회의 동의를 받아 교육위원을 임명하는 방법으로 바꿔야 한다는 의견도 있었다. 그러나 직선제 유지론자 중에서도 '교육위원회법'이 정한 직선제를 지지하는 사람은 극히 소수였다. 결국 직선제로 하더라도 소선거구제로 하고, 후보자의 얼굴이 알려지도록 하며, 추천 모체를 만들어 후보자를 추천하도록 해서 그 후보자를 놓고 투표하되 선거를 완전 공영화하고 조직이나 재력이 없는 자도 입후보할 수 있도록 바꾸어야 한다는 개혁안이 제시되었다. 한편 임명제나 직선제 중 어느 것도 찬성하지 않는다는 사람도 있었다. 이들은 교육위원 중 반수는 직선제, 반수는 임명제로 구성해야 한다는 의견과, 도도부현의 교육위원만 임명제로 하고 시정촌은 직선제로 해야 한다는 의견 등을 내놓았다.

결국 교육위원회제도협의회는 임명제, 직선제, 기타로 크게 묶어 검토했지만 임명제와 직선제가 거의 팽팽하게 맞서 이 문제에 대해서는 특정한 의견을 제출하지 않기로 했다. 하지만 1951년 10월 단계에서 교육위원의 직선제가 확고한 지지를 받지 못했다. 문부성은 ≪교육위원회월보≫를 비롯한 논설을 통해 협의회의 의사록을 숙독해서 교육위원회제도의 이상적인 형태에 대한 의견을 받고 싶다고 밝히기도 했다.

임명제를 주장한 정령자문위원회와 제1차 지방제도조사회

맥아더 사령관이 해임되고 1951년 4월에 연합국 군최고사령관으로 취임한 매슈 리지웨이(Matthew Ridgway)는 5월에 성명을 내고(리지웨이 성명) 독립 후의 새로운 정치 상황에 대응하기 위해 전후 개혁의 결과로 행정제도를 개선하도록 일본 정부에 요구했다. 일본 내에서는 편면강화, 즉 요시다 독트린이라 불리는 이 계획이 안보는 미국에 의존하고 일본은 경제발전에만 집중하자는 구상이라고 해서 반대론이 소용돌이치고 있었다. 하지만 그해 9월 샌프란시스코에서 미국 주도하에 평화조약이 체결되어 다음 해 4월에는 일본의 독립이 예정되어 있었다.

일본 정부는 정령자문위원회를 만들어 점령하의 개혁을 수정하기 시작했다. 1951년 11월 정령자문위원회 답신은 도도부현과 인구 15만 명 이상인 시는 교육위원회를 반드시 설치하고 교육위원은 수장이 의회의 동의를 받아 임명하는 것으로 교육위원회제도를 수정해야 한다고 밝혔다. 또 정령자문위원회의 답신을 받아 만든 제1차 지방제도조사회(1952년 12월~1953년 12월)는 1953년 12월 답신에서 도도부현과 5대 도시의 교육위원회는 존치하되 그 외 지역에서는 교육위원회를 폐지하고 교육위원은 수장이 의회의 동의를 받아 임명해야 한다고 밝혔다.

제도가 이런 방향으로 개선된 것은 교육위원회제도가 당시의 지자체 재정에 부담이었고, 교육위원회제도 출발 당시 이 제도에 대한 충분한 이해가 없었으며, 교직원조합에 대한 비판 캠페인 등 고도의 이데올로기적 배경이 깔려 있었기 때문이다. 특히 독립 후에 보수 정권에 의한 중앙집권체제 구축을 지향하던 요시다 정권은 교육의 민중 통제라는 이름하에 도도부현과 시정촌의 직선직을 좌파가 점령하는 것을 허용할 수 없었다. 또 문부성은 '역방향'(정권이 추진하는 전후 민주개혁의 수정이 전전기로 회귀하는 현상을 이르는 말)의 시류를 타고 지방교육행정에 대한 관여를 강화하는 호기로 삼았다.

공청회의 직선제 지지파

일련의 정부자문위원회 답신과는 달리 다른 곳에서는 교육위원의 직선제 폐지를 놓고 어떤 논조의 의견이 교환되었는지 살펴보자. 논의는 각 단체의 결의나 성명, 신문이나 교육계 채널 등에서 격렬하게 전개되었다. 그중에서도 1956년 열린 양원 문교위원회 공청회(중의원 4월 7~9일, 참의원 11~12일)는 찬반양론을 집약적으로 보여주었다.

전국 도도부현 교육위원회위원연락협의회는 결의를 통해 "정부 법안은 교육이 부당한 지배에 굴복하지 않고 국민 전체를 직접 책임져야 한다는 '교육기본법'의 정신을 위배하고, 국가의 백년대계인 교육을 다수당을 배경으로 한 중앙정권의 뜻대로 좌우되도록 만드는 것이다. 이 사태를 우리를 직접 선출한 국민 대중과 함께 심히 우려하는 바이다"라고 밝혔다.

교직원조합도 거의 동일한 논조로 법안에 반대하는 자세를 보였지만 이들은 특히 교육장의 선임 방법을 반대했다. 교직원조합은 중의원 문교위원회 공청회에서 도도부현 및 5대 도시 외의 전 시정촌에 교육위원회를 설치하는 것이나 교육위원을 선임하는 방법을 개정하려는 움직임도 반대했다. 하지만 무엇보다 도도부현 교육장을 문부상이 승인하는 내용이야말로 교육에서 중앙집권제를 확립하려는 것이라고 비난했다.

도쿄대 교수인 난바라 시게루(南原繁)도 이 점을 꼬집어서 "개정 법안에서는 문부대신에게 부현 교육장을 임면하는 승인권을 부여했다. 경우에 따라서는 교육 자체에 필요한 사항을 변경하는 조치를 요구할 수 있다. …… 현행법이 제출된 취지와 달리 오히려 역행하는 경향을 보임으로써 일반 지방행정개혁에서 중요한 원칙인 민주화와 분권화가 교육 면에서 파괴되는 것은 아닐까?"라며 법안의 반민주성과 집권성을 비판했다.

'교육위원회법'의 폐지에 반대한 10개 대학 총장 및 학장의 성명을 이끌어낸 야나이하라 다다오(矢內原忠雄) 도쿄대 총장은 "인민의 기본적 자유에 관한 사항에서 특히 중요한 경찰 문제와 교육 문제는 권력의 남용에서 멀리 두는 것이 민주 사회의 원칙이며, 교육위원회제도도 그 가운데 하나이다. 그런데 선거로 선출된 장 또는 의회 외에 교육위원회와 같은 다른 기관을 두고 별도의 선거를 하는 것은 민주적으로 선출된 행정의 장 또는 의회를 신용하지 않는 것이라는 의견이 있지만, 이는 행정의 장 또는 의회를 신용하느냐 신용하지 않느냐의 문제가 아니라 일의 특성상 일반행정 사무와는 별개이므로 다른 목적으로 다른 선거를 하는 것일 뿐이다. 절차는 번잡하지만 이를 통해 교육이 정치의 간섭권 밖에 설 수 있다"라고 주장했다.

가쿠슈인(學習院)대 교수인 구노 오사무(久野收)는 "교육위원회의 선거에 결함은 있지만 국회의원의 선거에 결함이 있다고 해서 국회의원을 전부 임명제로 하자는 것이 억지 주장이듯, 교육위원회에 부적격자나 편향 교육 경향이 있다고 해서 직선제를 그만두고 임명제로 하자는 것도 말이 되지 않는다. 지금까지 일본 교육을 좀먹은 중앙집권세력과 관료 독선의 폐해를 생각하면 관료의 꼬나풀이 아닌 교사와 관료 독선을 비판할 수 있는 국민을 키우는 것 외에 민주주의의 원칙은 없다. 관료통제가 능률적이라는 발상은 전전의 경험을 반복하게 만든다"라며 반동성(反動性)을 지적했다.

공청회의 임명제 지지파

한편 교육위원 임명제 찬성론도 결코 적지 않았다. 도쿄대 교수이자 행정법학자인 다나카 지로(田中二郎)는 "직선제의 실정을 들여다보면 일반 주민은 대개 선거에 무관심해 일부 사람의 의향에 따라 교육위원이 선출되는 결과를 낳고 있다. 또 선거운동에 돈이 들고 이 사람이면 좋겠다 하는 사람은 출마하지 않으므로 오히려 임명제가 적당한 사람을 뽑는 데 좋은 것 아닐까?"라면서도 "수장은 교육위원회의 성격을 감안해 누구나 납득할 수 있는 사람을 추천하지 않으면 안 된다"라고 주장했다. 야나이하라 총장과는 전혀 반대로 임명제를 지지한 것이다.

히로시마대 학장인 모리토 다쓰오(三戸辰男)도 "직선이 아니면 비민주적이라는 의견에는 쉽사리 찬성할 수 없다. 민의를 적절히 대표하고 공정한 입장에 서는 자를 선출하는 것이 무조건 직선을 하는 것보다 타당하지 않을까?"라며 '지방교육행정법'안을 지지했다.

시정촌에 교육위원회를 전면 설치하는 것을 두고 찬반양론이 팽팽한 가운데 전국정촌회장인 세키 히토시(関井仁)는 "교육위원의 직선제를 취하면 적격이 아닌 자라 하더라도 입후보를 거부할 수 없다. 교원 경력이 없는 자가 교육위원이 되면 정촌장 또는 정촌의회 의원과 동질의 자가 위원이 되고, 그 결과 교육행정 운영에 불필요한 분쟁이 발생할 것이다. 한편 교원 경력자가 교육위원이 되면 교육위원회가 교원, 교장, 교육장과 더불어 전직 교장으로 구성되므로 교육을 좁은 시야에 몰아넣고 교원만 대변하는 단체로 추락할 것이다"라면서 직선제를 비판하고 수장에 의한 임명제를 지지했다.

그런데 도도부현교육장협의회와 5대시교육장협의회는 난바라 교수와 교직원조합이 문제로 지적한 도도부현 교육장과 시정촌 교육장의 선임제도 변경을 포함한 '교육위원회법' 폐지에 대해서는 아무 의견도 피력하지 않았다. 이러한 침묵 속의 지지는 '지방교육행정법'을 따르면 교육행정에 대한 교육장의 권한이 커질 것으로 기대하는 반면, 현행법에서는 자신들이 교육위원회에 의해 선임되는 처지였기 때문이다.

이상에서 살펴보면 교육위원 직선제를 지지한 이유는 교육위원 직선제가 전후 개혁의 이념을 높이 평가하고 이 이념을 착실히 실현해가는 것을 정치 과제로 삼아서이다. 하지만 '교육위원회법'이 시행된 지 10년도 채 되지 않아 상황은 더욱 혼탁해졌다. 교육위원 직선제 폐지를 지지한 사람들이 정권과 문부성의 움직임에 동조한 것이다. 말하자면 이 논쟁은 이념 지지파와 현실 중시파의 대립이었다고도 할 수 있다.

경찰 출동하에 통과된 '지방교육행정법'

'지방교육행정법'은 1956년 4월 30일 중의원 본회의에서 가결되었다. 당시 본회의장에서는 경찰이 출동하는 등 대혼란이 일어났다. 하지만 이 법안은 결국 참의원에서도 통과해 '교육위원회법' 시대의 지방교육행정 구조를 크게 바꾸었다.

최대의 쟁점이던 수장에 의한 교육위원 임명제와 교육장 임명에 관한 상급기관의 사전승인제는 새로운 교육행정체제를 상징했다. 하지만 이는 상징에 불과하며, '지방교육행정법'에 따라 구축된 체제의 본질은 지자체 교육행정에 대한 중앙 통제의 정교하고 치밀한 구조가 만들어졌다는 점이다. 다음 장에서는 이런 구조와 교육행정의 실상을 살펴보자.

옮긴이 해설 _

일본 지자체 수장의 영향력 확대

일본에 문부성이 설치된 것은 1871년으로, 메이지 정부가 들어선 이후이다. 일본이 제2차 세계대전에서 패전한 후 GHQ는 1947년 전전 체제 개혁의 일환으로 내무성을 해체했으나 문부성은 존치시켰다(1952년에는 자치처, 1960년에는 자치성으로 부활함). 이 과정에서 문부성은 '일반행정에서 교육행정의 분리·독립'이라는 논리를 내세워 도도부현 지사가 관장하던 교육업무를 합의제 행정기관인 교육위원회가 담당하도록 제도화했다(1948년 7월 '교육위원회법' 제정).

이후 1956년 6월 '교육위원회법'을 폐지하고 '지방교육행정법'을 제정해 교육위원의 직선제가 폐지되고 수장이 의회의 동의를 받아 교육위원을 임명하는 제도로 바뀌었다. 2000년에는 '지방분권일괄법' 시행으로 교육장 임명 시 상위기관인 문부성과 도도부현 교육위원회가 승인하는 제도가 폐지되었다. 2007년에는 '지방교육행정법' 개정으로 국가와 각 교육위원회의 책임 명확화, 시정촌 공동 교육위원회 설치 권장 및 기능 활성화, 스포츠 및 문화 업무의 도도부현 지사 관장 허용 등을 규정함으로써 국가와 교육위원회 간의 역할 분담과 상호 협력을 강화했다.

2014년 6월에는 '지방교육행정법'을 개정(2015년 4월 1일 시행)했는데, 이 개정안에서는 지방교육행정의 책임을 명확히 하기 위해 교육위원회 위원장과 교육장을 단일화한 신교육장이 교육위원회 업무를 총괄하고 대표하며, 교육장은 수장이 의회의 동의를 얻어 임명(임기 3년)·파면할 수 있도록 했다. 또 수장과 교육위원회 간의 원활한 업무 협조를 위해 수장과 교육위원으로 구성된 종합교육회의를 설치했다. 이 회의는 수장이 소집하며, 지역 교육 진흥에 관한 시책 대강을 결정하는 일을 담당한다.

한국의 독임제 교육감 제도

한국도 정부 수립 직후인 1949년부터 합의제 성격의 교육위원회를 설치했다. 그리고 여기에서 시·도지사와 문교부 장관의 지휘·감독하에 교육, 학예에 관한 사무를 관장했다. 민선 자치가 중단된 1963년부터는 시·도에는 교육위원회(의장은 시·도지사이며, 집행기구는 교육감임)를, 시·군에는 교육장을 두어 교육과 학예 업무를 관장하게 했다. 일반행정 업무와 교육위원회가 본격적으로 분리된 것은 민선 자치가 재개된 1991년부터이다. '지방교육자치에 관한 법률'을 제정해 시·도의 교육, 학예에 관한 심의·의결기관으로 교육위원회를 설치하고 집행기관으로 교육감을 두도록 한 것이다. 이때부터 교육감은 시·도지사와 완전히 분리되었고 지방의회가 의결기관으로 자리 잡음으로써 교육위원회는 존재감을 잃어갔다(2010년부터는 지방의회로 통합됨).

시·도 교육감 선출 방법이 교육위원회 간선제(1991~1996년), 학교운영위원회 등 간선제(1997~2006년), 직선제(2007년 이후)로 바뀌면서 교육감의 주민 대표성이 제고되어 교육감은 완전한 분리형 집행기관으로 자리 잡았다. 하지만 교육감선출제도와 관련해서는 아직도 논의가 분분하다. 주민 직선제가 시행된 지 얼마 되지 않은 만큼 현행 주민 직선제의 틀 안에서 선출제도를 보완하자는 의견이 있는 반면, 일반행정과의 통합이나 연계를 더욱 강화하는 것을 전제로 시·도지사 러닝메이트제나 임명제를 제안하는 의견도 있다.

제4장

종적 행정계열의 교육위원회

1. 종적 행정 시스템의 확립

'지방교육행정법'은 '문부성 – 도도부현 교육위원회 – 시정촌 교육위원회'에 이르는 하강형의 교육행정 시스템을 제도화했다. 2000년의 제1차 지방분권개혁으로 지방교육위원회에 대한 중앙정부의 관여나 규제가 법률상으로는 완화되었다. 하지만 실상은 어떨까? 여기서는 1956년 이래 현재까지 이어지는 교육행정의 모습과 특징을 개괄적으로 파악하려 한다.

교육위원 임명 방식의 변화

'지방교육행정법'은 도도부현과 시정촌 모두에 교육위원회를 의무적으로 설치하도록 규정했다. 법률 제정의 실무 책임자라 할 수 있는 기다 히로시(木田宏, 당시 문부성 초등·중등교육국 지방과장이었으며, 후에 사무차관을 역임함)는 ≪자치연구(自治研究)≫ 1956년 7월 호의 「지방교육행정법'의 기본이념」이라는 글에서 "'교육위원회법'의 사고방식을 계승해 교육에서 주민자치 이념을 존중하자는 입장이며 교육에 대한 시정촌의 적극적인 열의와 노력으로 교육이 진흥되기를 기대한다"라고 밝혔다. 하지만 이 문장에 이어 "시정촌의 능력에 벅찬 부분은 도도부현이나 국가, 또는 도도부현의 교육위원회나 문부대신이 적극적으로 지도·원조한다"라고 밝힌 데서 알 수 있듯이 전 지자체에 교육위원회 설치를 의무화하는 쪽이 문부성의 존재감을 높이고 교육위원회를 획일적으로 통제하기 쉽다고 판단했다.

수장이 의회의 동의를 얻어 교육위원을 임명하게 된 후 전국의 교육위원 구성은 '교육위원회법' 당시와 비교해 어떻게 변화했을까? 동시에 임명

(단위: %)

	회사원	자유업	무직	교원	농림수산
시행 전	16.8	11.7	27.6	6.7	18.5
시행 후	26.3	20.1	29.6	7.9	5.7

자료: ≪教育委員会月報≫, 77号(1957年 1月), 16頁 참조.

방식이 바뀐 교육장은 어떤 변화를 보였을까?

문부성 지방과가 1956년 10월 1일에 발족한 새로운 교육위원회의 위원 구성을 조사한 바에 따르면, 도도부현 교육위원회 위원의 직업 구성은 〈표 4-1〉과 같이 회사원, 자유업의 비율이 현저하게 증가하고 반대로 농림수산 업 종사자가 감소했다. 한편 '지방교육행정법' 시행 전에는 교원이 6.7%였 지만, 시행 후에는 7.9%로 약간 증가했다. 단, 〈표 4-1〉에서는 명시되지 않았지만 '교육위원회법' 당시에는 교직 경험이 있는 위원이 50.8%였으나, 시행 후에는 27.4%로 반 가까이 줄었다. 시정촌에서는 교육 경험을 가진 무직자와 관리직, 전문 기술직의 비율이 증가했지만, 그래도 농림수산업 종사자가 전체의 41%를 차지했다.

교육위원의 학력을 보면 도도부현 교육위원은 구제(舊制) 대학 졸업자가 45%, 사범학교 졸업자가 20%이며, 시정촌 교육위원은 대학·고등전문학교 졸업자가 42%였다. 1952년에 대학·고등전문학교(사범학교 포함) 졸업자가 20%였던 것에 비하면 교육위원 임명제로 학력이 높은 비전문가가 증가한 것으로 나타났다.

문부성은 교육의 정치적 중립을 내세워 교육위원에서 교원 및 교원 경 험자를 배제하려 했으나, 특히 도도부현에서는 이러한 목표를 달성하지 못 했다. 여기에는 당시 이른바 '55년 체제'(여당인 자민당과 야당인 일본사회당의 양대 정당 구조가 형성된 체제)의 정당정치가 영향을 미친 것으로 보인다. 즉, 수장은 오늘날과는 현격하게 다른 좌파의 영향력을 무시할 수 없었던 것이다. 단, 기다가 말한 것과 같은 논리에서 보면 문부성 입장에서는 교육위원회에 비전문가의 증가를 꾀하는 것은 전후 개혁의 이념을 계승하는 상징에 불과하므로 비전문가가 실제로 중요한 존재는 아니었다. 이런 의미에서 교원 또는 교직 경험을 가진 교육위원의 존재는 흠잡을 문제는 아니었다.

교육장 임명 방식의 변화

교육장의 임명 방식 또한 바뀌어 도도부현 교육장은 문부상의 승인 아래 교육위원회가 임명하고, 시정촌 교육장은 도도부현 교육위원회의 승인 아래 시정촌 교육위원회가 교육위원 중에서 선임하게 되었다(〈그림 4-1〉, 〈그림 4-2〉 참조).

문부성은 1956년 10월 25일 도도부현 및 정령지정도시(5대 시는 1956년 9월부터 정령지정도시로 바뀜) 교육장의 사전승인을 마쳤다. 도도부현 가운데 13개 도현[홋카이도, 미야기(宮城) 현, 도치기(栃木) 현, 사이타마(埼玉) 현, 야마나시(山梨) 현, 기후(岐阜) 현, 시가(滋賀) 현, 오키야마(岡山) 현, 에히메(愛媛) 현, 고치(高知) 현, 후쿠오카(福岡) 현, 미야자키(宮崎) 현, 가고시마(鹿児島) 현]에서는 교육장이 교체되었지만, 다른 33개 도부현에서는 '교육위원회법' 시대의 교육장이 유임되었다. 정령지정도시에서도 오사카 시만 신임 교육장으로 바뀌었을 뿐, 모두 전임 교육장이 유임되었다. 이렇게 된 이유는 지자체가 신청을 해야 문부상이 사전승인을 하는데 '교육위원회법' 시대의 교육장을 신청하는 것이 여러 가지로 유리해서이다.

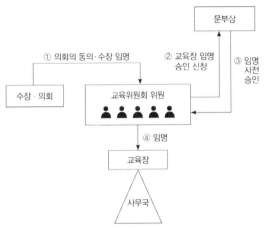

〈그림 4-1〉 '지방교육행정법'에 따른 도도부현 교육위원·교육장 임명 절차

주: 1) 1956년부터 2000년 제1차 지방분권개혁 전까지 해당됨.
   2) 교육장은 교육위원의 신분을 갖지 않음.
   3) 교육위원장은 교육위원 중에서 호선함.

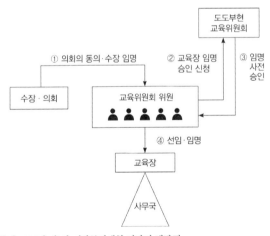

〈그림 4-2〉 '지방교육행정법'에 따른 시정촌 교육위원·교육장 임명 절차

주: 1) 1956년부터 2000년 제1차 지방분권개혁 전까지 해당됨.
   2) 교육장은 교육위원의 신분을 가짐.
   3) 교육위원장은 교육위원 중에서 호선함.

교육위원회의 직무권한 확대

'지방교육행정법'으로 구축된 시스템을 '교육위원회법' 당시와 비교할 때 가장 큰 변화는 교육위원의 임명 방식에서도 찾을 수 있지만, 무엇보다 문부성이 지방교육위원회를, 도도부현 교육위원회가 시정촌 교육위원회를 통제하는 형태를 제도화한 것이라 할 수 있다. 교육장의 임명 방식에서도 드러나지만 '지방교육행정법'은 교육위원회의 업무를 더욱 포괄적으로 통제하도록 만들었다.

'지방교육행정법' 제23조는 교육위원회의 직무권한('교육위원회법'에는 이런 표현이 없음)으로 19개 항목을 열거했다(교육위원회의 직무권한은 제2장 참조). 이 직무권한은 지금까지 개정되지 않고 있다. 상세하게 살피려면 현행법의 조문을 참조하는 것이 가장 좋지만 여기서는 개괄적으로 살펴보자.

① 교육위원회 소관인 학교 및 기타 교육기관의 설치·관리·폐지
② 학교 등의 용무에 공여되는 재산의 관리
③ 교육위원회·학교 등의 직원의 임면, 기타의 인사
④ 학령 학생 및 아동의 취학, 학생·아동·유아의 입학·전학·퇴학
⑤ 학교의 조직편제, 교육 과정, 학습 지도, 학생 지도, 직업 지도
⑥ 교과서 및 기타 교재의 취급
⑦ 교사(校舍) 및 기타 시설과 설비의 정비
⑧ 교장·교원 및 기타 교육 관계 직원의 연수
⑨ 교장·교원 및 기타 교육 관계 직원과 학생·아동·유아의 보건, 안전, 후생 및 복리

⑩ 학교 및 기타 교육기관의 환경 위생

⑪ 학교 급식

이 11개 항 외에 제12항에서 제19항까지는 공민관(公民館) 등의 사회교육, 스포츠, 유네스코 활동 등에 관한 내용이므로 학교교육에 관한 직무권한은 아니다. 그리고 이들 각 항목은 전부 '~에 관한 것'으로 규정되어 교육위원회의 재량을 폭넓게 인정하고 있다.

중앙정부와 지자체의 종적 관계 강화

'지방교육행정법'에는 '교육위원회법'에 전혀 없던 조문이 만들어졌다. 바로 장문의 8조로 구성된 '제5장 문부대신 및 교육위원회 상호 간의 관계 등'이다. 문부 사무차관은 교육위원회에 보낸 통지(1956년 6월 30일)를 통해 '지방교육행정법'의 시행 취지를 밝혔는데, 핵심 내용을 인용하면 다음과 같다. "종래 문부대신과 도도부현 또는 시정촌의 관계 및 도도부현 위원회와 시정촌의 관계는 '지방자치법' 및 '교육위원회법'에 기술적인 지도·조언 또는 권고를 할 수 있도록 규정되어 있고, '문부성설치법'에도 일부 규정이 있다. 하지만 지방공공단체에서 교육행정에 대한 국가의 지도적 지위 및 시정촌에 대한 도도부현 위원회의 지도적 지위를 명확히 하고, 국가·도도부현 및 시정촌의 교육행정이 서로 제휴·연락해서 운영되는 제도를 수립하기 위해 제5장을 만들었다."

매우 솔직한 설명이다. '지방교육행정법'은 국가(문부성)와 도도부현 위원회의 지도적 지위를 제도화한 것이었다. 실제로 문부상은 앞에서 본 교육위원회의 직무권한 전반에 걸쳐서 지도·조언·원조·권고를 할 수 있다. 그리하여 교육위원회와 수장에 의한 사무의 관리나 집행이 법령의 정함에 위배된다고 인정될 때는 교육위원회 또는 수장에게 위반 시정, 개선 조치를 요구할 수 있도록 했다(제52조 제1항 조치요구). 또 시정촌 교육위원회와 수장에게도 같은 사태가 인정될 때에는 도도부현 교육위원회가 조치를 하거나 아니면 문부상이 직접 조치할 수 있도록 했다(제52조 제2항). 문부상은 조치뿐 아니라 도도부현과 시정촌에 필요한 조사, 통계자료, 보고의 제출을 요구할 수도 있다(제54조 제2항). 한편 시정촌 교육위원회의 소관으로 규정되었던 시정촌립 학교의 조직편제, 교육 과정, 교재 취급 등 관리 운영의 기본사항(학교관리규칙)에 대한 기준 설정 권한이 도도부현 교육위원회에 주어졌다(제49조). 결국 시정촌 교육위원회에 대한 도도부현 교육위원회의 지도적 지위를 법적으로 명확히 한 것이다.

'교육위원회법' 시대에는 지도·조언·권고가 어떤 의미에서 소박했다면, '지방교육행정법'은 이를 담보하는 조치요구를 법제화함으로써 지도·조언이라는 어감과는 정반대인 통제로 바뀌었다고 할 수 있다.

교육행정에 기관위임사무제도 도입

이외의 교육행정에서도 기관위임사무제도가 만들어졌다. 즉, 도도부현지사, 도도부현 교육위원회, 시정촌장, 시정촌 교육위원회를 문부상의 지방기관으로 설정하고 문부상의 지휘·감독 아래 사무를 집행시킨 것이다. 1952년경에는 기관위임사무가 극히 소수였으며 문부성은 이를 기관위임사무라고 명명하지도 않았다.

기관위임사무를 보면, 도도부현 지사에 위임된 사무가 8건, 도도부현 교육위원회에 위임된 사무가 19건, 시정촌 교육위원회에 위임된 사무가 10건 (1995년경 시행 중이던 '지방자치법' 별표 3, 4에 따라 위임됨)이었다. 조치요구로 뒷받침된 지도·조언·권고가 교육행정의 근간이므로 기관위임사무의 건수 자체는 그다지 많지 않다.

도도부현 지사에 위임된 사무는 대부분 지사가 인가 권한을 갖는 사립학교에 관한 사무였다. 도도부현 교육위원회에 위임된 사무는 '박물관법', '도서관법', '사회교육법'에 따라 도서관 등에 지도·조언을 하는 것으로 정해져 있었는데, 학교교육에서 중요한 사무는 다음 세 가지였다. 첫째, '공립의무교육 제 학교의 학급편제 및 교직원 정수의 표준에 관한 법률'에 따라 한 학급당 학생 수의 기준을 정해 시정촌의 학급편제를 인가하는 것이다. 둘째, '무상조치법'에 따라 학생에게 배부하는 교과서의 수령·급부에 관한 사무이다. 셋째, 학생에게 특정 정당의 지지를 교사하는 직원을 처벌하는 것이다. 시정촌 교육위원회에 위임된 사무 중 중요한 것은 학령부의 편제나 입학기일의 통지, 교과서의 무상공급에 관한 사무, 도도부현 교육위원회와 마찬가지로 교원의 정치 활동에 처벌을 청구하는 사무 등이었다.

'지방교육행정법' 제55조는 '지방자치법' 제150조의 규정을 준용해서 이들 기관위임사무의 관리와 집행에 대한 국가(문부상)의 지휘·감독 권한을 명시하고 있다.

종적 행정계열의 제도화

이렇게 보면 '지방교육행정법'은 국가의 지도적 지위, 다시 말해 '문부성

- 도도부현 교육위원회 - 시정촌 교육위원회'로 이어지는 주종 관계의 종적 행정계열을 제도화했다. 더구나 도도부현 교육장을 문부상의 승인 아래 두었다. 사무국의 수장인 교육장은 "교육위원회의 지휘·감독 아래"라는 문구가 들어 있지만 "교육위원회의 권한에 속하는 모든 사무를 담당한다"(제17조 제1항)고 정하고 있으므로 문부성의 의사가 우선 교육장을 통해 도도부현 교육위원회에 전해지는 제도로 바뀐 것이다. 또 시정촌 교육장을 도도부현 교육위원회의 승인 아래 둠으로써 문부성의 의사가 지역 말단에까지 관철되도록 만들었다.

'교육위원회법' 시대와 달리 공립학교 교원의 인사권은 도도부현 교육위원회에 일원화되었다. 교원의 채용부터 이동, 승진, 신분(법률상 자격) 등의 인사를 도도부현 교육장 사무국의 의사를 바탕으로 도도부현 교육위원회가 결정하는 시스템이 되었다. 따라서 문부성과 도도부현 교육위원회 교육장은 지도·조언·권고, 그리고 조치요구를 통해 초등학교·중학교 기초교육의 교과 내용을 통제하게 되었다. 더불어 교원인사권이라는 교육행정의 근간과 관련된 권한까지 손에 쥐었다. 종적 행정계열은 제3장에서 봤듯이 '교육위원회법' 시대부터 서서히 형성되긴 했으나 '지방교육행정법'을 통해 완성되었다고 할 수 있다.

교육행정에서 수장의 권한 강화

교육행정학자들은 '지방교육행정법'에서 종적 행정계열의 형성보다는 수장 권한의 강화, 즉 교육위원회제도의 유명무실화를 비판했다. 수장에 의한 교육위원 임명제로 변경되면서 교육위원회제도의 민주적 시스템이 당연히 갖춰야 할 핵심이 없이 있다는 것이나, '지방교육행정법'이 시행되면서 지사나 시정촌장의 교육위원에 대한 정치적 영향력은 확실히 커졌으며, 민중 통제 또는 비전문가 통제를 위해 교육위원을 어떻게 구성할지는 수장 또는 의회의 판단에 좌우되었다.

'지방교육행정법' 시행으로 수장에 의한 교육위원 임명제가 실시되었을 뿐만 아니라 이른바 두 가지 축의 제도도 폐지되었다. '교육위원회법' 당시에는 교육행정과 관련된 조례안 및 예산안을 작성하는 권한과 원안을 의회에 제출하는 권한이 교육위원회에 있었다. 수장은 원안에 이론이 있으면 원안을 수정하는 이유를 명시한 의안을 제출하지 않으면 안 되었다. 이를 두 가지 축의 제도라고 불렀다. '지방교육행정법'은 이를 폐지하고 교육행정과 관련된 예산안 및 조례안을 의회에 제출하는 권한을 교육위원회에서 수장으로 이관했다. 단, 이 경우 수장은 교육위원회의 의견을 듣도록 했다 (제29조).

당시의 문부 관료가 솔직히 인정했듯이 궁핍한 지방재정하에서 두 가지 축의 제도를 유지하는 것은 지자체 재정에 혼란을 가져왔다. '지방교육행정법'이 정한 수장과 교육위원회의 관계는 지자체 재정에 관한 한 교육행정에서 수장의 권한 강화라고 할 수 있다.

여전히 막강한 교육위원회의 조직과 권한

하지만 교육행정학자들이 비판하는 수장의 권한 강화를 곧 교육위원회의 유명무실화라고 여기는 것은 문제를 너무 좁게 바라보는 것이라 할 수 있다. '지방교육행정법'이 교육위원회라는 행정위원회를 약체화시킨 것은 확실하다. 그러나 문제의 본질은 이미 말한 교육행정을 둘러싼 종적 행정 계열화에 있다. 수장 권한이 강화되었다고는 하지만 '지방교육행정법' 아래에서는 수장에게 사무집행 권한이 주어지지 않는다. 교원 인사, 학교관리규칙, 교과용 도서의 선정, 학구의 편제, 교육 재산의 관리 등은 교육위원회의 권한이다. 이 같은 교육행정은 재론할 필요도 없이 종적 행정계열 하에서 결정되고 교육위원회의 사무국에 의해 집행된다.

우리 주변에서 쉽게 볼 수 있는 사례로는 교육 재산을 들 수 있다. 지역에 따라 다르지만 초등학교와 중학교에는 빈 교실이 많다. 일반 시민 입장에서 보면 집회 시설 등을 별도로 만들지 않고 빈 교실을 전용하면 좋을 것 같지만, 문부과학성 및 교육위원회 입장에서는 이 교실이 '빈 교실'이 아니라 '여유 교실'이다. 그리고 학교 시설은 일반행정 재산과 달리 교육 재산이므로 쉽게 목적 외 전용을 할 수 없다. 최근에는 교육위원회가 사회적 비판에 밀려 휴일에 교정이나 도서실을 개방하기도 하지만, 업무의 본질에는 변화가 없다.

또 수장의 예산편성권이 강화되었다고는 하지만, 문부과학성 소관의 부담금·보조금은 교육 재정의 근간이다. 이러한 부담금·보조금으로는 의무교육비 국고부담금(교원급여비), 공립학교 시설 정비비 부담금, 특별지원 교육시설 정비비 보조금, 벽지 아동학생 원조비 보조금, 이과교육 설비 정비비 보조금 등이 있다. 이런 부담금·보조금을 기본으로 하는 것이 교육행정 예산의 실상이다.

종적 행정계열하에서 실시기관인 교육위원회는 예산이나 인적자원(교직원) 면에서 보면 수장부국에서 제외된 행정조직이라고 할 수 있다. 교육비는 대부분 교육위원회 소관인데, 도도부현·시정촌의 교육비 순계 규모는 전체 예산의 17.4%로, 민생비의 22.5%에 달한다(2011년 기준). 한편 총무성의 2012년 정원관리 조사에 따르면 교육 관계 직원은 전체 지방공무원의 37.9%를 점한다. 이런 대규모 조직이 문부과학성을 정점으로 한 할거적인 조직으로 지자체 내에 있는 것은 문제이다.

제1차 지방분권개혁의 단행

1980년대 말부터 1990년대 초에 걸쳐 일본 정치에서는 리크루트 사건(리크루트사가 부동산 관련 자회사 주식을 상장 전에 정계·관계에 제공해서 일어난 정치 자금 스캔들_옮긴이), 사가와큐빈(佐川急便) 사건[사가와큐빈 사장인 와타나베 히로야쓰(渡邊広康)가 가네마루 신(金丸信) 자민당 부총재의 부탁을 받고 정치인에게 불법 정치자금과 뇌물을 건넨 사건_옮긴이], 가네마루 자민당 부총재의 거액 탈세 사건 등 정치 스캔들이 줄을 이었다. 정치개혁이 정치의 큰 과제로 대두된 가운데 지방분권개혁을 요구하는 목소리가 높아졌다. 일련의 정치 스캔들이 중앙집권적인 정치행정 구조가 원인이 되어 일어났다고 생각했기 때문이다. 문부성도 아무 관련이 없는 것은 아니었다. 다카이시 구니오(高石邦男) 사무차관은 취직정보지의 발행과 관련해 리크루트사의 편의를 봐주어서 수뢰죄로 검거되기도 했다. 이에 1993년 6월 양원은 만장일치로 지방분권 추진을 결의했다.

이렇게 해서 1995년 5월에 '지방분권추진법'이 제정되었으며, 그해 7월에는 수상의 자문기관인 지방분권추진위원회(위원장 모로이 겐)가 발족했다. 이 위원회는 기관위임사무제도의 폐지를 비롯해 중앙 각 성의 지자체에 대한 관여(규제) 완화를 중요한 테마로 해서 권고를 거듭했다. 위원회의

제1차부터 제4차까지의 권고에 따라 하시모토 류타로(橋本龍太郎) 정권은 1997년 5월 지방분권추진계획을 수립했다. 그리고 필요한 법률 개정을 총 망라한 '지방분권추진일괄법'이 1999년 7월에 제정되어 2000년 4월에 시행되었다. 제1차 지방분권개혁의 출발이었다.

제1차 지방분권개혁으로도 바뀌지 않은 종적 행정계열

2000년 단행된 제1차 지방분권개혁의 영향은 전 성청에 미쳤는데, 지방교육행정에 대한 개혁은 다음 세 가지가 주요 내용이었다.

첫째, 교육장 임명의 사전승인제가 도도부현·시정촌 모두 폐지되었다. 특히 도도부현·정령지정도시의 교육장은 사전승인제를 폐지하고, 교육위원 중에서 선임하는 것으로 바뀌었다. 교육위원 중 1명이 교육장을 겸임하도록 도도부현과 시는 조례로 교육위원을 6명 이상으로 구성할 수 있도록 규정했다.

둘째, 제1차 지방분권개혁은 기관위임사무제도를 전폐했으므로 기관위임사무는 지자체의 사무가 되었다. 동시에 기관위임사무의 집행에 대한 문부상의 지휘·감독을 명시한 '지방교육행정법' 제55조도 삭제되었다. 또 문부상·도도부현 교육위원회의 조치요구(제52조)를 폐지하고 개정 '지방자치법'('지방자치법'도 큰 폭으로 개정됨)이 정한 관여의 일반적 규칙(제245조의 5, 6, 7)에 따르게 했다. 또 '지방교육행정법' 제48조 제1항에서 문부상은 도도부현 교육위원회와 시정촌 교육위원회에 대해, 도도부현 교육위원회는 시정촌의 교육위원회에 대해 "필요한 지도, 조언 또는 원조를 행하는 것으로 한다"라고 명시한 규정을 "행할 수 있다"로 개정했다.

<〈그림 4-3〉 제1차 지방분권개혁에 따른 교육위원·교육장의 임명 절차 변화(도도부현·시정촌)

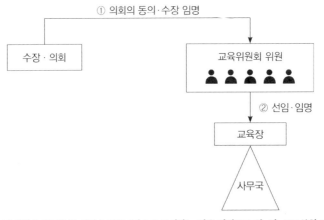

주: 1) 교육위원은 도도부현·시정촌 모두 5명으로 구성하는 것을 원칙으로 함. 단, 도도부현 및 시는
　　 조례로 6명 이상도 가능하며, 정촌은 조례로 3명 이상도 가능함.
　 2) 교육장은 교육위원의 신분을 가짐.
　 3) 교육위원장은 교육위원 중에서 호선함.

　셋째, '지방교육행정법' 제49조에 규정된 도도부현 교육위원회의 기준 설정이 폐지되었다. 이로써 적어도 법적으로는 시정촌 교육위원회가 학교에 재량을 행사할 수 있는 영역이 넓어졌다.

　이러한 개혁은 제1차 지방분권개혁이 목적으로 한 중앙 각 성의 지자체 행정에 대한 관여(규제) 완화에 따른 것이었다. 단, 폐지된 조치요구는 제1차 아베 정권이 설치한 교육재생회의의 보고를 받아 2007년에 '지방교육행정법' 제49조, 제50조에서 문부과학대신의 시정요구와 지시로 부활했다.

　하지만 제1차 지방분권개혁 때문에 '일반행정에서 교육행정의 분리·독립', '비권력적 행정', '지도·조언·원조·권고'라는 독특한 논리를 바탕으로 전문직 중심으로 구성된 종적 행정계열이 흔들린 것은 아니었다. 이에 대한 답을 얻기 위해 인적 측면과 교육행정의 논리 구조를 살펴보자.

2. 종적 행정계열이 유지되는 이유

문부성과 교육집단이 국고부담제 폐지를 반대한 속내

고이즈미 정권은 2003년 '호네부토 방침 2003'을 통해 삼위일체개혁 방안을 내놓았다. 4조 엔 규모의 국고보조부담금 폐지로 지방 일반재원화, 3조 엔 규모의 세원을 국가에서 지방으로 이양, 지방교부세의 재원보장 기능 감축, 이 세 가지 개혁을 2004년부터 2006년까지 3년간 실시한다는 내용이었다. 기본적으로는 제1차 지방분권개혁이 남긴 과제인 세·재정개혁에 착수하는 것이라고 설명했다.

전국지사회 등 지방 측은 이를 지방분권개혁의 호기로 생각하고 정권과 협의에 임했다. 2004년 초 정권으로부터 3조 엔 규모의 세원을 이양하는 데 합의한 후 국고보조부담금 폐지 목록의 제출을 요구받은 지방 측은 그 중 하나로 중학교 교직원 급여비의 국고부담금 8500억 엔 폐지와 일반재원화(세원 이양)를 요구했다. 2005년도 예산에서는 반액인 4250억 엔이 잠정적으로 일반재원화되었다. 하지만 2006년 이후의 취급분은 문부과학상의 자문기관인 중교심의 논의와 결론을 기다려 정하기로 했다.

중교심은 현행 부담률(국가 1/2, 도도부현 1/2)이 훌륭한 제도이므로 유지해야 한다고 주장했다. 하지만 문부과학상과 자민당의 최종 합의에 따라 2006년도 예산에서는 부담금제도를 유지한 채 초등학교·중학교 교원급여비의 국고 부담률은 1/3, 도도부현 부담률은 2/3로 수정했으며, 이후부터 이대로 유지하는 것으로 정했다. 즉, 지방 측에 부담이 전가된 것이다. 이 때문에 정권이 사기를 쳤다는 비판이 수장 측에서 제기되기도 했다.

의무교육비 국고부담금의 일반재원화가 정권과 전국지사회의 쟁점으로 떠오른 와중에 수정된 부담률에 반대하고 1/2의 부담률을 견지해야 한다는 전면 광고가 2005년 11월 13일 ≪요미우리신문(読売新聞)≫에 게재되었다. 이 광고는 전국시정촌교육위원회연합회, 전국도시교육장협의회, 전국연합초등학교장회, 전국중학교장회, 일본PTA전국협의회, 전국공립초등학교·중학교 여성교장회, 교직원조합 등 22개 단체가 낸 것으로, 그야말로 문부과학성 주변 단체가 총출동했다.

이뿐 아니라 중교심 위원인 교육행정학자들은 부담금제도를 없애면 교육에서 내셔널 미니멈(national minimum: 국민생활 최저선)이 붕괴되고, 국고부담금을 일반재원화하면 수장은 다리와 도로만 만들고 교육을 붕괴시킬 것이라는 이유로 전국지사회, 전국시장회 등에 비판을 가했다. 초등학교·중학교의 교원 급여를 국고에서 부담한다고는 하지만 2005년에는 초등학교·중학교 교육의 경상경비 예산 전체 8조 7000억 엔 가운데 6조 2000억 엔을 지방 측이 부담했으며, 공립 고등학교의 경상경비 2조 4000억 엔은 지방 측이 전액 부담했다.

대체로 지자체의 교육비 지출 비율이 높으므로 이를 대폭 깎기란 불가능하다. 문부과학성과 함께 부담금 폐지반대론을 적극적으로 전개한 교육행정학자와 교육장이 이런 사실을 모를 리 없다. 즉, 다른 목적 때문에 부담금 폐지를 반대했던 것으로밖에 볼 수 없다.

게다가 광고에 이름을 게재한 단체나 중교심의 의견을 주도한 교육행정학자들은 국고 부담률 인하가 결정된 이후로는 오늘날까지 눈에 띄는 발언을 전혀 하지 않고 있다. 국고 부담률을 1/2로 견지하는 것과 1/3로 인하하는 것에는 어떤 논리적 정합성이 있을까? 의문이 드는 것은 필자만이 아닐 것이다. 당시 문부과학성 고관은 "국고 부담률이 1/3이든 1/10이든 신경 쓰지 않는다"라고 말했는데, 이는 문부과학성이 지방교육행정을 통제할 수 있는 발판을 남겨두기만 하면 된다는 생각에서였을 것이다. 역사적으로 일종의 독립왕국같이 군림해온 문부과학성, 즉 지방교육행정 계열은 문부과학성에 이의를 제기하지 않는 순종적인 집단과 학자를 다수 배출했다.

문부과학성 산하의 교육단체

문부과학상의 자문기관인 중교심은 교육 정책이 나아가야 할 방향에 사회 각계각층의 목소리를 반영하기 위해 만든 기관이다. 하지만 나카소네 야스히로(中曾根康弘) 정권이 임시교육심의회를, 제1차 및 제2차 아베 정권이 교육재생회의와 교육재생실행회의를 설치한 데서 알 수 있듯이 이들 정권은 중교심을 종적 행정계열의 장치로 간주해 정권의 정치 지향을 따르는 교육 정책이 실현되기를 바랐다. 물론 문부과학상은 각료의 일원이므로 정권이 지향하는 바와 괴리된 입장을 취하기는 어렵다. 그렇지만 우파색이 짙은 정권이 중교심을 종적 행정계열의 장치로 여기는 것은 중교심이 문부과학성 관료기구와 그 영향하의 다수 단체 및 전문가들로 구성되어 있기 때문이다.

교육재생실행회의나 중교심에서 논의된 내용은 때로 언론에 크게 보도된다. 한편 거의 보도되는 일은 없지만 문부과학성 관료기구는 실제 폭넓은 교육단체를 산하에 두고 있다. 이들 교육단체는 40명 학급의 편제나 교직원 정수를 늘리는 구체적인 정책이나 사업 변경을 주로 논의한다. 이뿐 아니라 그때그때 교육 정책을 둘러싼 논의를 거듭해서 의견을 교환한다.

이러한 교육단체를 열거하면 다음과 같다. 전국도도부현교육위원회연합회, 전국도도부현교육위원장협의회, 전국도도부현교육장협의회, 전국도시교육장협의회, 지정도시교육위원·교육장협의회, 중핵시교육장회, 전국정촌교육장회, 전국시정촌교육위원회연합회, 전국벽지교육연구연맹전국연합중학교장회, 전일본중학교장회, 전국고등학교장협회, 전국공립학교교감회, 전국특별지원학교장회, 일본교직원조합, 전일본교직원연맹, 일본고등학교교직원조합, 전국양호교유(교사)연락협의회, 전국학교영양사협의회, 전국공립초등학교·중학교사무직원연구회 등이다.

자녀의 학교생활에 관심을 갖는 학부모도 들어본 적이 없는 단체가 많을 것이다. 지자체 수준에 따른 교육위원·교육장의 단체, 학교 수준에 따른 교장·교감 단체뿐 아니라, 양호교사·학교영양사·사무직원 단체부터 정당 지지를 둘러싸고 대립·분화한 교직원조합에 이르기까지 단체의 종류는 매우 폭넓다. 이들 단체에는 물론 개별 조직의 이익이 걸려 있다. 하지만 종적 행정계열을 유지함으로써 개개의 이익을 실현하려 한다는 점에서는 공통점이 있다.

종적 행정계열의 핵심인 전국도도부현교육장협의회

도도부현 교육위원회는 실질적으로 시정촌 교육위원회의 상위 조직이라 할 수 있다. 도도부현 교육위원회를 맡아 관리하는 곳은 교육장을 장으로 하는 교육청의 사무국이다. 도도부현교육장협의회는 '교육위원회법' 시대부터 지금에 이르기까지 65년에 걸쳐 문부과학성 관료기구와 긴밀한 관계를 구축했다.

1948년 11월에 설치된 도도부현교육장협의회는 2002년 4월 전국도도부현교육장협의회로 개칭했다('전국'이라는 명칭만 더해졌기 때문에 이 책에서는 이전 명칭인 도도부현교육장협의회로 표기함). 도도부현교육장협의회의 사무국은 당초 도쿄 도교육청 내에 있었지만 1964년 도쿄 도 도라노몬의 문부과학성과 인접한 국립교육회관으로 옮겨 오늘날까지 자리하고 있다.

'지방교육행정법'이 시행된 1956년 이래 도도부현교육장협의회에는 제1분과위원회에서 제4분과위원회까지 4개의 분과위원회가 만들어졌다. 제1분과는 교육 내용에 관한 조사·연구, 제2분과는 사회교육에 관한 조사·연구, 제3분과는 교육행정에 관한 조사·연구, 제4분과는 교육 재정에 관한 조사·연구를 주목적으로 한다.

상설위원회와는 별도로 종합분과위원회와 특별분과위원회가 상황에 따라 설치되는데, 종합분과는 제1분과에서 제4분과까지의 담당 사항에 공통되는 과제 또는 어떤 분과의 담당 사항에도 속하지 않는 과제 등을 조사하고 연구하는 일을 한다. 특별분과가 처음으로 설치된 것은 1985년이며 종합분과는 1991년에 처음 설치되었다. 특별분과는 이름에 드러나는 것처럼 학교 5일제(1991년), 지방분권추진위원회(1996년)와 같이 중요한 과제에 대응하는 일을 한다. 종합분과는 1997년 이래 교육의 국제화를 주제로 거의 항상 활동하고 있으므로 제5분과라고도 한다.

제1분과에서 제4분과까지는 도도부현의 교육장이 교대로 간사를 맡지만, 이들 분과에는 문부과학성의 담당관, 국립교육정책연구소의 직원이 추가로 배치되어 법령이나 문부과학성 정책을 해석하는 작업을 수행한다. 한편 교육장이 문제사상(事象)에 대응하는 매뉴얼 작성 등을 제기하면 이를 검토하는 작업을 수행하기도 한다. 이러한 매뉴얼은 연구보고서로 총정리되어 문부과학성의 의사로 종적 행정계열에 전달된다. 도도부현교육장협의회의 분과위원회는 문부과학성 관료기구와 교육행정에 대하 '공동 통치 룰'을 작성하는 곳인 셈이다.

공동 통치 룰에 의한 교육행정

앞에서 '지방교육행정법'의 목적은 지방교육위원회에 대한 국가(문부성)의 지도적 지위를 확립하는 데 있다고 설명한 바 있다. 그렇지만 실제로는 지도·조언·원조를 교육행정의 핵심으로 삼는 문부성(문부과학성)에는 특정 정책을 입안해 강제력을 갖고 지방교육위원회에 집행토록 하는 권한이 극히 한정되어 있다. 1999년까지 조치요구를 남발한 것이나 2008년 이후로 대신의 지시를 남발하는 일은 오히려 문부과학성의 지도적 지위를 뒤흔들고 실추시켰다. 도도부현 교육장이라는 지방교육행정의 중추적인 지위에 있는 사람과 공동 작업으로 정책을 입안하고 이 정책을 교육위원회의 책임으로 실시하는 것이야말로 문부과학성을 정점으로 한 교육행정의 특징이라 할 수 있다.

'지방교육행정법'에서 문부상에 의한 도도부현 교육장의 사전승인제를 채용한 것은 공동 통치 룰에 의한 교육행정을 담보했다. 2000년 제1차 지방분권개혁으로 사전승인제가 폐지되긴 했지만 도도부현 교육장은 오랜 세월에 걸쳐 구축된 시스템 아래 굳어진 사고를 벗어날 수 없었다. 교육장은 이렇게 만든 정책을 지도부장, 책임지도주임, 지도주임에게 전달하고, 이러한 정책은 시정촌 교육위원회 사무국의 연구회에서 더욱 구체화되어 실시된다. 이러한 정책의 대표 사례로 제1차 지방분권개혁 이전에는 '지방교육행정법'이 정한 학교관리규칙의 표준 만들기를, 최근에는 제2장에서 논한 지도력 부족 교원에 대한 대응을 들 수 있다. 2001년에 도도부현교육장협의회 제3분과는 '교원 전체의 자질 향상: 지도력 부족 교원에 대한 대응 방책 등 인사관리의 참모습'을 주제로 검토했다. 이에 따라 문부과학성은 2002년에 지도력 부족 교원을 엄격히 조치하도록 요구했고, 이와 동시에 각 도도부현 교육위원회 사무국에서는 교원평가 매뉴얼을 만들었다.

제1장에서는 오쓰 시 이지메 자살사건과 관련해 학구자유화를 논하면서 2003년 학구자유화에 따라 학교선택제를 도입하라는 문부과학성 초등·중등교육국장의 통지를 언급한 바 있다. 이 통지를 구체적이고도 원활하게 실현하기 위해 2003년 도도부현교육장협의회 제3분과는 '규제 완화·지방분권하에서 교육행정의 실태: 지역 실정에 맞는 교육'을 주제로 검토해서 도도부현 교육위원회와 시정촌 교육위원회가 적극 이행하도록 했다.

최근 사례를 하나 더 들어보자. 제2장에서 살펴본 바와 같이 지도력 부족 교원을 판정하기 시작하면서 교원 및 학교의 자기평가가 추진되었다. 도쿄 도교육위원회(교육청)가 선수를 치긴 했지만, 2003년 도도부현교육장협의회 제4분과는 '새로운 시대에 맞는 교원 처우의 참모습: 교원의 평가 시스템 구축'을 검토해 평가 방법을 결정했다. 또 2005년에 제3분과는 '지역의 신뢰에 보답할 수 있는 교육행정의 참모습: 지역 참가와 평가 추진'을 주제로 교원이나 학교의 자기평가 실태를 검토한 후 지역의 참가를 한층 강화하도록 요구했다.

물론 이들 주제의 설정이나 매뉴얼 만들기가 교육장의 독자적인 사고나 판단에 따른 것은 아니다. 문부과학성이 도도부현교육장협의회를 매개로 언뜻 보면 유연한 교육행정을 연출하고 있다. 종적 행정계열이 상의하달의 경직된 조직이 아니며 명확한 상을 잡기 어렵다고 여겨지는 이유가 여기에 있다.

어찌됐든 도도부현교육장협의회는 다수의 교육단체 중에서도 가장 유력한 종적 행정계열의 주도사이다. 그리고 이런 교육장을 보완하는 것은 도도부현 교육청의 엘리트 교원으로 구성된 지도부장, 책임지도주임, 지도주임, 그리고 시정촌 교육위원회 사무국의 지도주임, 여기에 학교장·교감으로 연결된 전문직의 사슬이다.

3. 교육행정을 유지하는 논리는 타당한가

지도·조언·원조·권고를 근간으로 한 교육행정

여기서 관점을 바꿔 교육행정을 유지하는 논리를 생각해보자. 교육학자들은 때로 문부과학성의 교육 정책을 비판한다. 하지만 종적 행정계열의 정점에 위치한 문부과학성의 폐지나 철저한 개혁을 논하는 교육학자는 1982년 ≪세계(世界)≫ 11월 호에 「문부성폐지론」이라는 글을 쓴 야마즈미 마사미(山住正己) 등 극히 제한적이다.

교육학 중에서도 특히 교육행정학 연구자는 민주적 교육행정과 교육행정의 지방분권을 주장하지만, 지도·조언·원조·권고는 그 자체로 상하관계를 빼고는 성립하지 않는다. 그렇다면 종적 행정계열에서 문부과학성이 있는 한 민주적 교육행정과 지방분권에 의한 교육행정은 실현될 수 없는 것이 아닐까?

교육행정학의 교과서로 정평이 높은 『교육행정학(教育行政学)』(東京大学 出版会, 1993)에서 저자 히라하라는 "교육행정은 행정답지 않은 행정"이라 고 말했다. 이는 '지방교육행정법'의 제정을 이끌고 교육행정계에 군림하 던 문부관료인 기다도 강조하는 말이다. 히라하라는 교육행정이 행정답지 않은 행정이라고 언급한 이유를 "국가나 지방공공단체가 지방공공단체나 개인의 교육 활동을 장려하고 원조하기 위해 지도·조언·원조를 하거나 경 비를 보조하는 데 주력하는 행정이라는 의미"라고 말했다. 또 이는 "조언 과 지도의 개념은 낙하산적·권력적 행정이 아닌 정신적 권위가 뒷받침된 교육 현장의 필요와 요청에 입각해서 행해지는 서비스 행정이자 원조행정" 이라고 말했다.

그러나 지도·조언·원조를 근간으로 하는 교육행정이 과연 행정답지 않 은 행정일까? 실정법에 허가, 인가, 면허취소 등의 행정처분을 정한 경우라 도 사업관청은 즉시 행정처분을 발동하는 것이 아니라 지도·조언 등을 사 전에 조치했다. 행정처분의 권한이 실정법에 정해져 있지 않은 경우에는 설치법을 원용해서 상대에게 지도했다(전형적인 사례로 쌀 경작 면적 축소를 들 수 있음). 행정처분에 직결되지 않는 문제를 지도·조언하는 것은 흔한 일 로, 일본 행정의 특징이라 할 수 있다.

재정상의 원조를 하더라도 관청이 임의로 보조나 정부 융자 등을 결정 하는 것은 아니다. 관청 측은 현장의 필요와 요청에 따라 지도·조언·원조 등을 행한다고 말한다. 하지만 이런 지도·조언은 대부분 관청과 상대방 사 이에서 만들어진 공동 통치 룰에 따른 것이다(상세한 내용은 필자의 『행정지 도』를 참조). 이는 교육행정에서도 마찬가지이다.

이렇게 보면 교육행정이 지도·조언·원조를 중심으로 이루어진다는 이유로 행정답지 않은 행정이라고 규정하는 것은 교육행정학이라는 아카데믹 커뮤니티의 존재를 특징짓는 논리라 하더라도 적절하지 못하다. 교육행정이 행정답지 않은 행정임을 강조하는 것은 연구자의 의도와 상관없이 상급 기관의 권위를 떠받치는 일이다.

일반행정에서 교육행정의 분리·독립론과 그 후

교육행정 또는 교육행정조직의 형태를 둘러싼 최근의 논의에서 꽤 후퇴한 듯 보이지만, 전후 교육개혁 및 '지방교육행정법'의 제정 과정에서는 일반행정에서 교육행정의 분리·독립이 강조 및 논의되었다.

일종의 명제라고 해도 좋을 논리여도 그 의미가 모두 똑같진 않다. 전전기를 반성하면서 국민의 권리로서의 교육과 평화국가를 실현하기 위해서는 교육행정의 독립성을 고도로 보장해야만 한다. 이때의 일반행정에서 교육행정의 분리·독립론은 '교육기본법'이 내세운 기본이념을 구체적으로 제도·설계하기 위해 필요한 논리로서의 요소가 있었다. 하지만 제2장에서 봤듯이 전후 초기의 문부성은 존립 위기에 놓여 있었다. 당시에는 일반행정에서 교육행정의 분리·독립론이 지방교육행정을 둘러싸고 전개된 내무성과의 권한 투쟁을 정당화하는 논리이기도 했다. 내무성은 GHQ에 의해 해체되고 건설성, 노동성 등으로 분화되어 지방제도 관리관청으로서의 색채를 잃어버렸다. 그 결과 당초 내무성과의 투쟁을 정당화하는 논리였던 일반행정에서 교육행정의 분리·독립론은 교육위원회제도를 유지하는 논리로 바뀌었다. 1956년에 한 차례 개혁이 단행되었지만 교육위원회제도의 정착과 함께 일반행정에서 교육행정의 분리·독립을 강조하는 논조는 약해졌다. 하지만 교육행정과 교육위원회제도를 유지하는 논리의 저류에는 일반행정에서 교육행정을 분리·독립해야 한다는 명분이 여전히 살아 있다.

현재 교육위원회제도의 폐지 또는 교육위원회의 임의설치론을 요구하는 목소리가 높아지는 가운데 교육행정학자 사이에서 수장하의 교육행정에 대한 비판 또는 의구심으로 교육행정의 독립론이 강조되고 있다. 예를 들면 사토 슈지(佐藤修司)는 2013년 ≪교육(教育)≫ 4월 호에 실은 「교육위원회론의 쟁점: 폐지·임의설치론과 활성화론 사이」라는 글에서 "교육의 지방분권은 수장 직속의 교육행정에서도 충분히 실현될 수 있다"라면서도 "주민의 교육 의사를 복지나 건설 등의 다른 의사와 구분해서 집약하기 위해서는 교육위원회제도가 필요하다"라고 강조했다.

하지만 주민의 의사 중 왜 교육 집약만 행정위원회라는 조직이 필요한지 설득력 있게 설명하지는 못했다. 군이 이유를 대자면 교육이 특히 학생의 지적·정신적 성장과 관련이 있고 교육 내용이 이를 저해해서는 안 되므로 다양한 의사를 파악하기 위해서는 행정위원회라는 합의제 행정조직이 필요하다는 것이다.

실제로 사토는 교육위원회제도를 통해 교육에 특화한 주민의 의사를 반영할 수 있다고 말했다. 하지만 도대체 복지 등과 구분해 교육에 특화한 주민의 의사란 무엇일까? 교과 내용에 한정된 의사일까? 그렇더라도 학생의 라이프스타일은 다양하므로 생활조건을 고려하지 않은 교육의 의사는 있을 수 없다. 설령 복지, 건설, 교육 등의 의사를 각각 구분할 수 있더라도 행정 활동의 대상에 따라 무수한 행정위원회를 만들면 정책 및 사업은 종합성을 잃게 될 것이다.

일반행정에서 교육의 분리·독립론에는 처음부터 자치·분권의 형태나 지방정부의 행정조직에 대한 통찰이 빠져 있었다. 주민의 교육 의사를 집약하기 위해 교육위원회제도가 필요하다는 논리는 지금까지 살펴본 것처럼 종적 행정계열을 유지하기 위한 하나의 명분에 불과하다.

교육위원회의 전문성 향상 요구

교육위원회제도를 유지하는 논리는 최근 상당한 변화를 보이고 있다. 한 예로 현재의 제도를 전제로 교육위원회의 전문성을 높여야 한다는 의견이 제기되고 있다. 오가와 마사토(小川正人)는 『창조적 커뮤니티 디자인: 교육과 문화의 공동 공간(創造的コンミュ二ティのデザイン: 教育と文化の公共空間)』(有斐閣, 2004)에 쓴 「교육에 대한 시민참여와 지자체 교육행정개혁」이라는 글에서 "분권개혁과 교육·학교 문제의 복잡화·개별화로 지역의 교육 정책과 교육행정에는 지금까지 없었던 고차원의 종합적인 전문성과 신속한 대응력이 요구된다"라고 분석한 뒤 "각 지자체가 안고 있는 교육 과제에 상응하는 교육·교육행정 전문가를 등용하는 등의 발상도 필요하다"라고 하면서 교육의 전문성이 문제라고 주장했다.

그는 또 2004년 ≪교육 전망(教育展望)≫ 9월 호에 실은 「비전문가 교육위원회와 교육장의 역할분담의 명확화」라는 글에서 "지역 교육 정책 과제의 어젠다 설정을 구체적으로 정책 입안하고 실행할 수 있는 전문가인 교육장을 교육위원회가 스스로 뽑도록 해야 한다"라고 주장했다. 또 "비전문가인 교육위원과 전문가인 교육장의 긴장관계를 기축으로 하는 제도는 교육위원회제도 폐지론이나 임의창설론보다 현실적이고 실효적인 방법이라고 생각한다"고 밝혔다. 오가와가 말하는 바는 얼핏 타당해 보인다. 그러나 종적 행정계열에서 교육위원회가 분리되지 못한 상태에서는 독자적인 전문 능력을 발휘할 교육장을 교육위원회가 선임하기란 불가능하다.

시정촌에 한정되긴 하지만 1,720개의 시정촌 교육위원회 중 아오모리(青森) 현 노헤지(野辺地) 정, 지바 현 야치마타(八街) 시, 나가노 현 후지미(富士見) 정, 오카야마 현 세토우치(瀬戸内) 시, 가고시마 현 히가시쿠시라(東串良) 정, 오키나와 현 히가시(東) 촌의 일곱 곳이 종래의 관행에서 벗어나 교육장 선임에 공모제를 도입했다(2012년 3월 기준).

이 교육장 공모제를 처음으로 시작한 곳은 후쿠시마 현 미하루 정이었다. 당시의 정장(町長)은 학생 교육을 위해서는 기존의 교육행정에서 일해 본 적이 없는 인재가 필요하다고 판단했다. 그래서 2000년 10월 교육위원이기도 한 교육장을 공모해 분자생물학자이자 사이타마대학 명예교수인 마에다 마사아키라(前田昌徹)를 선임했다. 하지만 이후 정장 교체와 함께 마에다 교육장은 해임되고 말았다. 마에다 전 교육장은 자신이 취임한 후 처음으로 출석한 현 블록별 교육장회의에서 현 교육위원회 사무국 간부로부터 자질구레한 지시와 연락을 받았으며 위화감을 느꼈다고 한다. 또 교육 현장의 과제를 논의해야 한다고 주장했지만 전혀 받아들여지지 않았다고 밝혔다. 이뿐 아니라 회의가 끝난 후 인사로 명함을 건네자 모두 받기를 거부했다고 한다.

이러한 에피소드를 통해 교육행정의 전문성이라는 미명하에 폐쇄적인 교육행정이 구축되고 있음을 알 수 있다. 실제로 시정촌 수준에 국한되긴 했지만 2004년에는 15개 지자체에서 시행되던 교육장 공모제가 지금은 감소 추세에 있다.

교육 및 교육행정이 전문성을 갖추어야 하는 것은 당연한 일이다. 그렇지만 문제는 시민자치를 배려한 전문성이 무엇인가 하는 점이다. 사회교육 분야에서도 공민교육 추진의 일환으로 공민관을 설치하고 시민을 지도하는 사회교육주임을 배치했다. 그러나 지금은 시민의 지적·문화적 수준이 향상되어 사회교육주임(대부분 OB 교육자)이 가르치는 방식의 사회교육은 쇠퇴했다. 시민에 의한 학습 활동이 교육위원회 소관인 사회교육의 기존 틀을 넘어 확대되고 있기 때문이다. 따라서 전문가인 교육장과 비전문가인 교육위원의 긴장관계를 축으로 한 제도를 주장하는 것은 결국 기존 제도를 변호하는 것에 불과하다.

교육위원회제도를 옹호하는 의견

교육위원회제도를 비판하는 목소리가 높아지는 가운데 그 존립의 중요성도 다양하게 주장되었다. 이미 살펴본 대로 교육위원회는 행정위원회이므로 교육에 특화한 의사를 파악할 수 있다거나, 교육위원회의 전문성을 중시함으로써 교육의 질적 향상을 민중 통제 아래 도모할 수 있다는 식의 이야기이다.

이런 주장은 ≪일본교육행정학회연보(日本敎育行政学会年譜)≫ 제31호에 실린 구로사키 이치오(黒崎勲)의 글 「교육행정제도원리의 전환과 교육행정학의 과제」 가운데 "교육을 일반 정치에 종속시키지 않는다는 것이 교육위원회제도의 본래 이념이지만 교육위원회제도는 교육의 분권화를 가장 철저하게 지향하는 제도이다"라는 말에 집약되어 있다. 구로사키는 또한 '지방교육행정법'이 이러한 이념을 붕괴시켰다고 비판하면서, 현재 교육위원회제도의 가장 큰 과제는 시민이 교육에 직접 관여하는 교육위원회제도의 이상주의 정신을 회복하는 것이라고 주장했다. 그렇다면 중앙교육행정조직을 어떻게 제도하고 설계해야 할까?

쓰보이 유미(坪井由実)는 ≪일본교육행정학회연보≫ 제31호「교육의 지방자치시스템과 그 기본원리」라는 글에서 교육의 지방자치를 강조하며 이렇게 말했다. "교육위원회를 폐지하고 수장과 그 일부 국인 교육부장 및 교육심의회나 의회가 교육 통치기구를 재구성하는 것도 지자체가 선택할 수 있는 방법 중 하나일 것이다. 그렇지만 이 경우에도 교육 통치 과정에 시민의 직접 참여를 보장하는 방법을 구체적으로 제기하지 않으면 교육 통치 과정에서 시민이 직접 참여할 수 있는 통로가 좁아진다. 현실적으로 시민자치가 훼손되고 있다는 이유로 수장·의회의 이원대표제를 통해 시민자치를 대체해도 이원대표제가 교육 인권을 효과적으로 보장할 수는 없다." 그리고 "이원대표제의 대표성·정당성에 무게를 두는 민주정치를 그 정도로 신뢰한다면 교육위원의 직선제를 통해 교육위원회의 대표성을 높여야 한다"라고 주장했다. 이처럼 그는 교육위원회제도 폐지론이나 선택제론을 비판하면서 1948년의 시점으로 되돌아가는 교육위원회제도의 재구축을 주장했다.

교육위원회제도를 유지하든 유지하지 않든 간에 학생이 학습하는 장인 학교와 학교를 떠받치는 지역사회 사람들이 교육에 직접 참여해야 한다는 것은 당연한 일이다. 그러나 현행 종적 행정계열에서 이처럼 당연한 일이 가능한지를 생각해보지 않으면 안 된다.

실제로 교육행정학자들이 교육위원회제도는 언급하면서도 중앙교육행정조직의 형태는 언급하지 않는 것은 아이러니한 일이다. 교육위원회제도의 이상주의적 정신을 회복하고 교육 통치 과정에 주민이 직접 참여하기 위해서는 지금껏 논한 바와 같이 중앙에서 지자체에 이르는 교육행정의 구조를 근본부터 바꾸지 않으면 안 된다. 지역 수준에서 교육위원회제도가 중요하다고 주장하는 교육행정학자도 엄격하게 말하면 종적 행정계열을 유지하는 사람들이다.

4. 문부과학성과 수장의 이중지배로 황폐해지는 교육

신자유주의 및 신국가주의의 대두와 교육행정

지금까지 살펴본 바와 같이 국가의 교육 정책은 교육행정 구조를 통해 학습의 장인 학교에 전달된다. 하지만 동일 행정청 내의 상급기관과 하급기관이라는 관료제적인 구조에서 전달되는 것이 아니다. 중앙의 교육행정 조직인 문부과학성과 학교 현장 사이에 교육위원회라는 행정위원회가 마치 쿠션처럼 끼어 있다. 양자(문부과학성과 교육위원회) 관계의 실상은 되풀이해서 언급하지 않겠지만 교육행정의 방향은 기본적으로 정권, 즉 문부과학성이 추구하는 정책에 좌우된다.

'교육의 황폐' 또는 '교육의 위기'라는 말이 정치계나 언론을 떠들썩하게 만든 것은 1980년대부터이다. 이때부터 이지메, 등교 거부, 교내 폭력, 학급 붕괴, 학력 저하라는 현상이 언론에 대대적으로 보도되었다. 언론은 전후의 교육이 잘못된 평등주의에 빠져 학생의 지도를 소홀히 했기 때문이라고 분석했다. 따라서 예절 교육, 도덕 교육을 추진하고 학생에게 공공정신을 함양시켜야 하며, 지역사회와 국가를 존중하도록 가르쳐야 한다는 신국가주의적 언동이 힘을 얻고 있다.

한편 학력 저하는 일본이라는 국가의 장래를 위기에 빠뜨리므로 학력을 향상시키기 위해서는 사회의 다양한 자원을 활용하면서 경쟁을 촉진하지 않으면 안 된다고도 강조되었다. 즉, 교원의 능력 향상과 학교 간의 경쟁을 촉진하기 위해 교원과 학교에 대한 평가를 추진해야 한다는 것이다. 이는 시장 원리에 의한 경쟁만이 성장을 촉진한다는 신자유주의를 기반으로 한 주장이라고 할 수 있다.

교육의 황폐와 교육의 위기에 대한 대응으로 신자유주의 및 신국가주의의 색채가 교육 현장에 강조되는 경향은 경제·사회, 그리고 정치로부터 투영되고 있다. 이에 따른 사회 전체의 변화도 우려되지만 특히 이런 경향이 장래를 짊어질 학생에게 어떤 영향을 끼칠지가 걱정이다. 또 학생을 날마다 접하는 교원이나 배움의 장인 학교에 어떤 영향을 미치는지도 주목해야 한다. 이러한 관점에서 우선 문제로 삼고 싶은 것은 전국 학력 테스트이다.

전국 학력 테스트의 재출발

제1차 아베 정권은 2006년 10월 교육재생회의를 설치해 교육에서 신자유주의·신국가주의 정책을 추진하려 했다. 이러한 움직임은 2012년 말에 성립한 제2차 아베 내각에서도 마찬가지였다. 2006년 12월에 개정된 '교육기본법'은 애국심 교육을 중시하는 것이 주요 내용이었다. 그러나 교육재생회의는 제2차 보고에서 "전국 학력 조사의 결과를 검증하고 학력 부진 학교에는 개선계획서를 제출토록 한다"라는 내용을 포함시켜 학교 간 경쟁 촉진을 통해 학력을 향상시키도록 강조했다. 그리고 '교육기본법'에 정해진 '교육진흥계획'을 수립해 중점사항으로 전국 학력 조사를 계속 실시하라고 주창했다.

2007년 4월에 문부과학성은 전국의 공립 초등학교 6학년과 중학교 3학년을 대상으로 전국 학력 조사·학습 상황 조사(이하 전국 학력 테스트)를 실시했다. 이 테스트는 국어와 산수(수학)의 기본적 지식을 묻는 A 문제와 해독력과 응용력을 평가하는 B 문제, 학습 시간과 생활 습관을 조사하는 학습 상황 조사로 구성되었다.

이 대규모 학력 테스트는 1966년 이래 처음 실시되는 평가였다. 필자와 마찬가지로 이를 체험한 독자도 있겠지만 1956년부터 1966년까지는 초등학생·중학생·고등학생을 대상으로 한 학력 테스트가 실시된 바 있다(고등학생은 1962년까지 실시). 그러나 이러한 테스트가 학력 경쟁을 오히려 부추긴다는 사회적 비판을 불러일으켰을 뿐만 아니라 아사히카와(旭川) 지방재판소의 위법 판결 등에 영향을 받아 1966년을 끝으로 중단되었다.

그러나 2004년에 많은 언론이 대대적으로 보도했듯이 2003년 실시한 국제 학업 성취도 평가 PISA와 TIMSS에서 일본 학생의 학력 저하 현상이 두드러진 것으로 나타났다. 당시의 자민당 정권은 여유교육과 학교 5일제의 폐해 때문이라는 가설 아래 학습지도요령의 개정과 전국 학력 테스트 실시를 통해 학력 향상에 매진하는 방향으로 키를 돌렸다. 이런 사고의 배경에는 대규모 테스트 결과를 분석해 학교 간 경쟁을 촉진하려는 의도가 깔려 있었다. 학력 판정은 일상적으로 행해지는 일이지만 이는 학생의 학습 숙련도를 판정하고 학생과 교원의 신뢰관계하에 학습을 지도하는 소재로 사용되어야만 한다. 문부과학성의 주도로 동일 문제를 놓고 대규모 학력 테스트를 실시하는 것은 성격이 다르다.

2009년에 출발한 민주당 정권은 전체 학교를 대상으로 실시하던 전수조사를 2010년부터 전체 초등학교·중학교의 30%만 조사하는 표본조사로 바꾸었다. 하지만 자발적으로 전국 학력 테스트에 참가하는 학교가 줄을 이어 결국 전국 초등학교·중학교의 약 70%가 학력 테스트에 응했다. 2012년 말에 출범한 제2차 아베 정권 아래에서는 문부과학성이 다시 전수조사로 전환해 2013년 4월 전국 학력 테스트를 실시했다. 또 학습 상황 조사와 더불어 학부모의 설문 조사를 새롭게 실시해 더욱 종합적으로 학력 향상에 매진하도록 했다. 이렇게 해서 재개된 전국 학력 테스트는 그리 쉽게 중단될 기미를 보이지 않고 있다. 하지만 이러한 학력 테스트가 학교 현장의 학생이나 교원에게 유발하는 문제는 매우 심각하다.

아다치 구 학력 테스트 부정사건

전국 학력 테스트가 무엇을 목적으로 하고 어떠한 문제 상황을 만들어낼지는 테스트 실시 이전에 이미 명백했다. 지자체는 문부과학성이 전국 학력 테스트를 재개하기 이전부터 개별적으로 통일 테스트를 실시하고 있었다. 교육재생회의의 보고와 문부과학성의 정책은 뒷북만 치는 경향이 있다. 지자체 가운데에는 사회적 조류인 신자유주의의 경쟁원리에 편승해 테스트 결과를 공표하는 곳도 있었다.

아사히신문이 발행하는 시사주간잡지인 ≪아에라(アエラ)≫의 2007년 10월 29일 호는 "시험 중 가르쳐주기, 성적 공표의 중압, 아다치(足立) 구 교육위원회 학력 향상 지상주의의 폭주"라는 기사를 실었다. 이는 2006년 도쿄 도 아다치 구 학력 테스트에서 구립 초등학교의 교장과 5명의 교원이

테스트 중인 학생의 잘못된 답안을 보고 정답을 가르쳐주었다는 사건을 토대로 배후의 문제 상황을 보도한 것이었다. 이 초등학교에서는 정답을 지시했을 뿐만 아니라 정서 장애 학생 3명의 답안 채점을 학부모의 동의도 받지 않고 제외시켰다. 또 2006년 실시되는 테스트에 앞서 전년도 시험 문제를 복습시켰다(문제는 거의 동일하게 출제됨).

아다치 구교육위원회는 2005년에 구민이 학교선택제의 참고자료로 활용하도록 한다는 취지로 독자적으로 학력 테스트를 시작했다. 그리고 초등학교와 중학교의 성적을 1위부터 최하위까지 순위를 정해 나열해서 공표했다. 이뿐 아니라 학교에 대한 예산을 학력 테스트의 서열에 따라 차등 배분하기로 했다. 사건의 무대가 된 초등학교는 2005년도 학력 테스트에서 72개 초등학교 중 44위를 차지했다. 학교장과 교감 등이 교육위원회 방침에 위협을 느낀 것은 말할 것도 없었다. 예산은 삭감되고 입학자는 감소했다. 비꼬아 말하면 학교장 등의 '노력'으로 이 초등학교는 2006년도 학력 테스트에서 일거에 1위로 도약했다.

물론 일련의 사태가 발각된 뒤 학교장은 도쿄 도교육위원회에 의해 해임이라는 징계처분을 받았다. 하지만 실질적으로 학력 향상 지상주의로 학교를 운영하도록 결정한 교육장, 지도실장, 지도주임에게는 어떠한 문책도 없었으며, 제도상의 결정권자인 교육위원회는 점수 지상주의로 관리한 혐의가 있다는 정도의 문책만 받고 끝났다.

교육위원과 교육행정 실무자의 시선은 학생과 교원에게 맞춰져 있지 않다. 이런 경쟁 원리를 드러내서 학력 테스트를 실시하면 수준 높은 학교, 수준 낮은 학교라는 평판이 뒤따르기 마련이다. 수준 낮은 학교에 다니는 학생으로 인식되는 것은 얼마나 가슴 아픈 일인가. 학력 테스트를 실시하는 것은 교원에게 교원 주도의 부정행위를 하라고 부추기는 것과 마찬가지이다. 성적이 낮으면 학생과 마찬가지로 교원도 수준 낮은 학교의 교원이라는 지탄을 받게 되며, 이는 전문직으로서 자부심을 꺾는 일이다.

학력 테스트 결과를 공표하라고 압박

이런 사태가 밝혀지는 가운데서도 전국 학력 테스트는 계속 진행되었다. 문부과학성은 2007년부터 전국 학력 테스트의 결과를 공표하는 실시요령을 정하고 도도부현 교육위원회에 이를 통지했다. 실시요령은 전국 학력 테스트 때마다 통지되었다.

실시요령에 따르면 도도부현별 성적은 공표하지만 도도부현 교육위원회가 개별 시정촌명과 학교명은 밝히지 않으며, 시정촌 교육위원회는 성적을 공표할 때 개별 학교명을 밝히지 않기로 했다. 단, 문부과학성은 2013년 전수조사로 재차 전환하는 데 맞춰 실시요령을 일부 개정해 학교별 성적 공표는 학교 판단에 일임하기로 했다. 어쨌든 이 실시요령은 학교의 서열화와 학력 경쟁의 과열화 비판을 두려워하는 문부과학성에 대한 면죄부나 마찬가지였다.

실제로 문부과학성은 매년 도도부현의 순위를 공표하고 있다. 예를 들면 2012년도 테스트에서 초등학교 국어A는 1위가 아키타(秋田) 현(평균 정답률 81.6%)이며, 후쿠이(福井) 현, 이시가와(石川) 현이 뒤를 이었다. 한편 46위는 홋카이도(79%), 47위는 오키나와 현(77%)이다. 필자가 아는 홋카이도의 초등학교 교원은 "일체의 경제적·사회적·지리적 요인을 무시하고 그다지 뜻있는 차이라고도 할 수 없는 평균 정답률로 순위를 매겨 '머리가 좋은 현', '머리가 나쁜 현'이라는 서열을 정해 언론이 보도하므로 교육 의욕이 없어진다"라고 말하기도 한다.

문부과학성이 실시요령을 정한 의지만 보더라도 전국 학력 테스트의 결과를 문부과학성 금고에 처박아 둘 리 없다. 전국 학력 테스트 결과는 각 도도부현, 시정촌 교육위원회에 보내진다. 그러면 지역의 교육력을 높이기 위해 학력 테스트 결과를 상세하게 공표해야 한다는 수장과 의회의원의 요청이 당연히 분출된다. 또 테스트 자체의 문제성보다는 지역의 학력 상황에 관심을 갖는 주민 사이에서도 학력 테스트의 결과를 공개해 학교교육의 개선에 활용해야 한다는 요구가 일어나기 마련이다.

학력의 내실이 무엇인가를 묻기보다는 전국적으로 일제히 치러지는 테스트 결과를 학력이라고 여기는 편이 실제로 편리한 척도이긴 하다. 수장은 교육장을 포함한 교육위원의 임명권자로 테스트 결과를 공표하라고 교육위원회에 압력을 가할 수 있으며, 의원도 의회를 주된 무대로 테스트 결과 공표를 압박할 수 있다. 게다가 '정보공개조례'가 전 도도부현에 제정되어 있으므로 주민들은 공문서인 테스트 결과를 공개하도록 청구할 수 있다. 결과 공표에 신중한 수장이라도 '정보공개조례'에 따라 공개 청구가 제기되면 공표를 거부하기가 매우 어렵다.

전체적인 경향을 보면 도도부현 교육위원회는 문부과학성의 통지를 받아 시정촌별로 성적을 공개하는 데는 소극적이지만 부현 스스로 각 테스트 과목의 평균 정답률 도수분포에서 자신들이 어떤 위치인지는 공표하고 있다. 하지만 오사카 부, 아키타 현, 돗토리(鳥取) 현, 홋카이도 등에서는 시정촌마다 결과를 공표하고 있다. 2008년에 특히 주목을 받은 곳은 아키타 현과 오사카 부이다. 아키타 현에서는 당시 데라다 스케시로(寺田典城) 지사가 현교육위원회의 저항을 무릅쓰고 홈페이지에 시정촌별 결과를 공표했다. 오사카 부에서는 당시 하시모토 도루(橋本徹) 지사가 "멍청한 교육위원회"라고 비난하면서 "테스트 결과를 공표하지 않으면 교육예산을 할당하지 않겠다"라고까지 발언해 시정촌별 성적을 공표했다.

시정촌 교육위원회는 결과 데이터를 갖고 있으므로 해당 시정촌이 전국 및 시정촌이 속한 부현의 평균 정답률 도수분포에서 어떤 위치인지 홈페이지에 공표하는 곳도 있다. 예를 들면 홋카이도의 어느 시는 2012년도 테스트 당시 "우리 시 학생의 평균 정답률을 전체적으로 보면 초등학교, 중학교 모두 전국 평균(추출)을 하회하며, 전 홋카이도 평균(합산)과 같은 정도이다"라면서 테스트 과목마다 상세히 분석하기도 했다.

이렇게 보면 아다치 구의 학력 테스트 부정사건이 학력 테스트의 폐해를 전형적으로 보여주긴 하지만, 교육위원회나 수장 등 지방 정치가도 교육이나 학력이 무엇인가에 대해 깊이 고민하지 않는 것 같다. 도대체 산수, 수학, 국어라는 한정된 테스트의 성적이 학력이란 말인가? 더구나 도도부현별, 시정촌별, 또는 학교별로 구분하는 것이 무슨 의미가 있단 말인가? 학력 테스트 결과로 발생하는 사태에 대한 사려가 결여되었다고밖에 볼 수 없다. "테스트 결과를 공표하면 다음 해의 테스트에서 학교 간·학생 간 경쟁력이 높아진다"라는 발언 따위는 말도 안 되는 소리이다.

도도부현 교육위원회는 문부과학성의 실시요령을 충실하게 이행해 시정촌별 결과를 공표하는 데 소극적이다. 그러나 이는 종적 행정계열 내에서 이루어지는 사고이고, 소유한 데이터를 기초로 어떻게 하면 해당 부현의 학력을 높일지 시정촌 교육위원회와 학교에 점점 요구하게 된다. 시정촌 교육위원회도 역내의 초등학교·중학교의 데이터를 갖고 있으므로 학교

평가나 교육평가와 함께 성적 향상의 시책에 몰두하게 되며, 정치가들은 학력 경쟁, 즉 좋은 학교를 바라는 풍조를 타고 자신들의 지지 기반을 강화하는 데 힘쓰게 된다. 이러한 관점에는 배움의 장에서 주인공인 학생과 이를 지탱하는 교원 및 지역사회의 현실이 완전히 결여되어 있다.

일장기 및 기미가요 강요로 인한 교육의 황폐

전국적으로 일제히 실시하는 학력 테스트의 결과에 따른 학교 간 경쟁 촉진 및 교원 선별이 교육 현장을 황폐화시키는 것과 똑같은 사태가 일장기 게양 및 기미가요(일본의 국가) 제창을 둘러싸고 발생하고 있다. 이 사태에서는 교육위원회의 통지가 내려지거나 학교장의 직무명령에 따르지 않는 교원에게 징계처분 등이 가해지므로 학생과의 관계를 포함해 사태가 더욱 심각하다고도 볼 수 있다.

'국기·국가법'이 제정된 것은 1999년 정기국회에서였다. '국기·국가법'은 일장기를 국기로 하고 기미가요를 국가로 한다는 불과 2개 조로 이루어진 짧은 법률이다. 하지만 '국기·국가법'이 성문법으로 제정된 것은 1980년대부터 나카소네 정권 아래에서 서서히 진행되어온 신국가주의의 영향 때문이다. 당시부터 이미 초등학교·중학교·고등학교의 공적행사에서는 일장기를 게양하고 기미가요를 제창하도록 지방교육위원회가 학교장을 지도하고 있었다. 1988년 쇼와 천황이 중태에 빠졌다가 1989년 서거하자 이에 때맞춰 국가주의적인 논조가 한층 강화되었다. 1999년의 '국기·국가법' 제정은 국가주의적인 정치·사회 상황에 새롭게 정당성을 부여한 것이었다.

국가주의에 의한 사회 통제의 실험장이 되는 곳은 어느 시대에서나 기초교육의 장이다. 전전기 초등학교에서 황민교육을 철저히 시킨 것을 상기하면 쉽게 이해할 수 있다. 1980년대 이후에도 학교 현장에서는 학생에게 애국심과 국가주의 정신을 함양시키는 것으로 교육을 시작했다. 실제로 학습지도요령 1989년도판은 "입학식이나 졸업식 등에서는 그 의의에 입각해 국기를 게양함과 함께 국가를 제창하도록 지도한다"('초등학교·중학교·고등학교 특별활동'의 항)라고 규정했다. 그 이후 지금의 학습지도요령에 이르기까지 이 구절은 유지되고 있다.

지도력 부족 교원으로 낙인찍히는 교원들

노다 마사아키(野田正彰)는 『강제하는 교육: 사고를 접는 교사들(させられる教育: 思考途絶する教師たち)』(岩波書店, 2002)에서 일장기와 기미가요를 강요하는 것이 학교 현장을 어떻게 잠식하는지 예리하면서도 구체적으로 밝혔다. 학습지도요령이 "지도하는 것으로 한다"라는 강한 논조로 변하기 전부터 문부성은 일장기 게양과 기미가요 제창에 강권적으로 대응했다. 정신과 의사인 노다는 전문적 견해에 입각해 이 사태의 중대성을 고발했다.

문부성은 1985년 도도부현·정령지정도시별로 공립 초등학교·중학교·고등학교의 졸업식과 입학식에서 국기 게양 및 국가 제창 실태를 조사한 후 그 결과를 공표했다. 동시에 각 교육위원회에 국기와 국가의 적절하고도 철저한 취급과 관리를 요구하면서 이른바 「철저 통지」를 다카이시 초등·중등교육국장 이름으로 보냈다.

이후 기타큐슈(北九州) 시, 오키나와 현, 교토 시, 후쿠오카 현 등을 시작으로 각지에서 일장기 게양과 국가의 제창 및 기립, 피아노 반주 등이 교원에게 점점 강요되었다. 여기에 따르지 않는 교원은 교육위원회로부터 철저한 조사와 문책을 받아야 했다. 노다의 저서는 도처에서 그런 일이 일어나고 있음을 밝히고 있다. 예를 들면 교토 시의 어느 초등학교 교사는 국가제창 시 기립하지 않았다는 이유로 교육위원회에서 출두명령을 받았다. 출두명령을 받은 장소는 교육위원회 사무국도 아니고 그가 근무하는 학교도 아닌 방과 후의 다른 초등학교였다. 그는 교육위원회 사무국 직원과 학교지도과의 지도주임 8명에게서 2시간에 걸쳐 조사를 받았다. 비난의 화살은 동반한 교장에게도 향했다. 호되게 질책을 받은 후 교장은 결의서를 제출하도록 명령받고 방면되었다. 하지만 재차 불려 가서 결의서를 수정하도록 요구받기도 했다.

노다가 저술했듯이 일장기와 기미가요에 대한 직무명령을 거역한 자의 처분은 1차로 끝나는 것이 아니었다. 교장의 지시에 따르지 않은 이유와 시말서 제출을 시작으로 지도력 부족 교원이라는 낙인이 찍히고, 나아가 징계처분으로 이어진다. 이는 '국기·국가법'이 제정되기 이전부터 있던 일이다.

도쿄 도교육위원회의 「10·23 통지」

이런 상황은 21세기 들어 더욱 심각해지고 있다. 특히 이시하라 도정하의 도쿄 도에서 심각해졌다. 도쿄 도교육위원회는 2003년 10월 23일 「입학식·졸업식에서 국기 게양 및 국가 제창의 실시에 대해」라는 통지(이하 「10·23 통지」)를 도립 고등학교장, 도립 맹아·농아·양호학교장에게 보냈다. 이와 동시에 도내 기초지자체의 교육위원회에도 통지했다.

「10·23 통지」에서는 "2000년도 졸업식부터 전 도립 학교에서 국기 게양과 국가 제창이 행해지고 있지만 실시 형태에 다양한 문제가 있다. 그러므로 각 학교는 국기 게양과 국가 제창 실시를 한층 개선하고 충실하게 시행할 필요가 있다"라면서, 학습지도요령에 따라 입학식·졸업식 등을 적정하게 실시할 것, 국기 게양 및 국가 제창 시 교직원이 이 통지에 따른 교장의 직무명령에 따르지 않을 경우 복무상의 책임을 물을 수 있음을 교직원에게 주지시킬 것을 시달했다.

또 「10·23 통지」는 실시지침을 통해 식장에서 국기 및 도기의 위치와 옥외 게양 장소를 지시했으며, 식순에 국가 제창을 기재할 것, 의식의 사회자는 국가 제창이라고 말하고 기립하라고 주문할 것, 교직원은 국기를 향해 기립하여 제창할 것, 피아노 반주로 제창할 것을 요구하고 식장에서 교직원의 복장까지 상세하게 지시했다.

이런 군사조직과도 같은 규율을 강요하자 사상과 양심의 자유를 지키려는 교원들이 반발하면서 거부 행동에 나섰다. 사회적으로 보더라도 일장기와 기미가요에 대한 인식은 다양했으며, 「10·23 통지」에 따르지 않는 교원이라고 해서 의식 자체를 파괴하려는 것은 아니었다. 하지만 교육위원회뿐 아니라 정치권에서도 "규율을 지키지 않는 학교와 교원, 이대로 괜찮은가?" 하고 비난하면서 그들에 대한 처벌을 요구했다. 실제로 다음 〈표 4-2〉에서 보듯 「10·23 통지」가 내려진 이후 처분된 자가 다수이다.

도쿄 도교육위원회뿐만 아니라 다른 곳에서도 처분을 받은 자가 속출한 것은 학습지도요령에 충실한 데 그치지 않고 이를 더욱 엄격히 준수하려는 교육위원회의 관료주의적 행동 때문이었다. 이시하라 지사가 임명한 요네나가 교육위원은 원유회(園遊会)에서 "어린이와 학생에게 국기와 국가를 지

<표 4-2> 「10·23 통지」 이후 도쿄 도의 교원 처분 건수

(단위: 명)

처분연도	처분 내역	도립 고등학교	특별지원학교	초등학교·중학교	계
2003년도 주년행사	계고	8	2		10
2003년도 졸업식	계고	169	13	10	193
	감급 1개월		1		
2004년도 입학식	계고	32	1	4	40
	감급 1개월	1	2		
2004년도 졸업식	계고	36	1	2	53
	감급 1개월	8	1	1	
	감급 6개월		2	2	
2005년도 입학식	계고	6			10
	감급 1개월	3			
	정직 1개월			1	
2005년도 주년행사	정직 1개월		1		1
2005년도 졸업식	계고	17	2	2	33
	감급 1개월	10			
	정직 1개월	1			
	정직 3개월			1	
2006년도 입학식	계고	2			5
	감급 1개월	3			
2006년도 주년행사	감급 1개월	1			1
2006년도 졸업식	계고	17	2	1	35
	감급 1개월	10	1		
	감급 3개월	1			
	정직 1개월		1		
	정직 3개월		1		
	정직 6개월			1	
2007년도 입학식	계고	2			7
	감급 1개월	2	1		
	감급 6개월	2			
2007년도 졸업식	계고	7		2	20
	감급 1개월	6		1	
	감급 6개월	2			
	정직 6개월		2		
2008년도 입학식	계고		1		2
	감급 1개월	1			
2008년도 졸업식	계고	4			12
	감급 1개월		1		
	감급 6개월	3		1	
	정직 3개월		1		
	정직 6개월		2		
2009년도 입학식	감급 3개월		1		1
2009년도 졸업식	감급 1개월	1			4
	감급 6개월		1		
	정직 1개월			2	
2010년도 입학식	계고	1			3
	감급 1개월	2			
2010년도 졸업식	계고	2			6
	감급 1개월		1		
	감급 6개월	2			
	정직 6개월		1		
2011년도 입학식	계고		1		1
2011년도 졸업식	계고	1	2		3
2012년도 입학식	계고		1		1
「10·23 통지」 이후 누계		363	47	31	441

주: 계고는 징계처분 전 단계의 경고를 의미함.
자료: 교육위원회 사무국에서 정리한 자료.

키게 하고 있다"라고 발언해 천황에게조차 꾸지람을 들었지만, 이런 발언은 지사나 시장의 정치 지향이 교육위원과 교육장 및 사무국 간부에게 영향을 미치고 있거나 지사나 시장이 솔선해서 이행을 지시하는 결과라고 할 수 있다.

그런데 일장기 게양과 기미가요 제창을 강요하는 것은 모든 단계의 교육에서 중요하게 지켜야 하는 사상과 신조의 자유를 위협해 교육의 황폐로 연결된다. 따라서 학교 현장에서 일어나는 모든 사태를 매우 심각하게 받아들여야 한다. 정직처분을 받은 한 초등학교 교원은 "왜 학교에서 선생이 사라졌는가?" 하고 한탄하면서 "학생과의 신뢰관계가 붕괴되는 것이 고민이다"라고 털어놓았다. 또 처분 뒤에 복직되더라도 주위의 교원이 속으로 '멍청한 놈'이라고 비난할 것 같아 무섭다고 말했다. 다른 중학교 교원은 "마음속으로는 처분받은 자의 기분을 잘 안다. 자신도 그렇게 하고 싶다고 생각하지만 장래를 생각하면 그럴 수 없다. 하긴 교장이나 교육위원회에 순종하더라도 장래가 있다고는 할 수 없지만……"이라고 고충을 토로하기도 했다.

학생과 선생이라는 관계가 붕괴되고 동료 교원과의 협동 작업이 원활하게 진행되지 않으며, 상부만 생각하는 '넙치교원'이 양산되어 교육 활동의 창조력이 실종되고 있다. 이것이야말로 교육의 황폐이다.

교육을 좀먹는 신자유주의와 신국가주의

지금까지 최근 현저하게 변화한 교육행정 상황을 살펴보았다. 지금 일본에서는 학구자유화에 의한 학교선택제 도입, 교원 및 학교에 대한 평가,

지도력 부족 교원의 배제, 전국 학력 테스트 실시에 따른 학교 간 경쟁 촉진, 일장기·기미가요의 강요에 따른 양심의 자유 및 사상·신조의 자유 억압 등과 같이 신자유주의와 신국가주의에 의한 교육이 진행되고 있다.

이런 상황인데도 교육의 지방분권이나 교육의 정치적 중립성을 이유로 교육위원회제도를 유지해야 한다는 주장을 굽히지 않는 사람들이 있다. 하지만 이미 논한 대로 학교선택제나 교원평가를 비롯한 교육행정은 종적 행정계열인 교육위원회제도가 주도했다. 또 지방교육위원회를 유지해야 한다고 주장하지만 종적 행정계열의 정점에 있는 것은 문부과학성이다. '국기·국가법'을 제정할 즈음 당시 노나카 히로무(野中広務) 관방장관은 1999년 7월 1일 중의원 본회의에서 "졸업식과 입학식에서 국기 게양이나 국가 제창을 국가가 강요하거나 의무화하지는 않는다"라고 공언했다. 그럼에도 문부과학성 관료기구는 학습지도요령에 공식행사에서 일장기를 게양하고 기미가요를 제창하도록 명기해놓았다. 교육위원회와 사무국 관료기구는 이를 앵무새같이 충실하게 이행한 것이다. 이 같은 관료제적 관계하에서는 신자유주의·신국가주의를 신봉하는 정치집단에 의해 교육이 점점 황폐화된다. 일본의 관료기구는 정권의 정치 지향에 편승해 자신들의 권한을 증식할 수 있는 정책과 시책을 계속 교묘하게 연구하고 있다.

전쟁이 끝난 지 68년이 지났다. 전후 교육개혁은 교육에서 민중 통제와 지방분권형 교육행정 시스템을 제도·설계의 이념으로 내걸었다. 이 이념 자체는 높이 평가할 만하다. 그렇지만 제도로서의 교육위원회는 65년의 세월이 지나면서 제도를 설계하던 당시의 이념과 크게 괴리되고 말았다. 시민의 손에 의한 교육, 특히 초등학교·중학교 기초교육에서 무엇이 문제인가를 생각해볼 때이다.

옮긴이 해설 _

문부과학성의 입김이 여전한 일본의 지방교육행정

일본의 지방교육행정이 지방자치의 틀 안에서 시행되고 있기는 하지만 중앙집권적인 경향은 여전하다. 이 책에서는 교육에 대한 민중 통제와 전문성을 강화하기 위해 지자체에 합의제 행정기관으로 교육위원회를 설치했지만 교육위원회 운영이 형식화되고 문부과학성의 지도적 위치가 여전해 '문부과학성 - 도도부현 교육위원회 - 시정촌 교육위원회 - 학교'로 이어지는 주종 관계가 형성되어 교육 분야에 마치 독립왕국과도 같은 견고한 할거행정이 자리 잡고 있다고 지적한다. 이러한 종적 행정계열의 핵심은 전국도도부현교육장협의회로, 2000년대 분권개혁 이후로도 도도부현 교육위원회가 매개자가 되어 문부과학성과 공동 통치하는 견고한 전통이 이어지고 있다.

한편 경쟁을 강조하는 신자유주의와 애국심을 강조하는 신국가주의가 국가가 교육 현장에 관여하는 것을 강화하고 있다. 2006년 12월에 개정된 '교육기본법'에 따라 마련된 제1기(2008~2013) 및 제2기(2013~2018) 교육진흥기본계획은 지자체의 역할 분담을 인정하면서도 교육에 대한 국가의 책무를 강조하고 있다.

자치 기반이 취약한 한국의 지방교육행정 환경

1963년부터 약 30년간 한국의 지방교육자치는 명목상의 자치에 머물러 있었다. 이러한 역사적 경험 때문에 민선자치가 실시된 이후에도 중앙예속적이거나 중앙의존적인 경향을 암묵적으로 보인다. 자치의 근간은 자율성과 책임에 있다. 그런데 한국의 교육투자 재원은 거의 국가에 의해 조달되며, 시·도 교육청은 집행만 맡는 형태이다(상당액의 지방비 부담분도 국가의 정책적 결정에 따라 지원됨).

이러한 재정 구조하에서는 국가의 직접적이고 세부적인 관여가 불가피하므로 시·도교육청의 자율성이 제약되고 책임성도 결여되기 쉽다.

이런 가운데에서도 분권 노력은 지속되었다. 유아·초등·중등 교육은 지자체의 고유 권한이어야 한다는 관점이 대두되고 있으며, 인사권의 지방이양, 현장 중심의 학교자율화 정책도 추진되었다. 그러나 공립학교 교원의 신분이 일본은 지방직인 데 비해 한국은 국가직이어서 이는 풀어야 할 과제 중 하나로 남아 있다.

한편 주민 직선으로 선출된 교육감을 중심으로 추진된 혁신학교 운영, 학생인권조례 제정, 무상급식 실시 등이 교육부 등 중앙정부의 시책과 충돌을 빚어 정책 갈등 양상을 보이는 경우도 있다.

제5장

교육을 시민에게 되돌려주는 것이 가능한가

1. 시민에 의한 교육을 실현하기 위한 기초 조건

지금까지 전후 민주개혁에서 출발한 교육위원회제도의 실태를 기술했다. 여기서 강조한 것은 교육위원회제도를 통해 교육에서 민중 통제를 제도화한다는 명분을 내세웠지만 실제로는 민중 통제를 방패막이로 삼아 중앙정부의 통제하에 지방교육위원회 사무국이 교육을 좌지우지한다는 사실이었다. 앞에서 기술한 바와 같이 학교선택제나 전국 학력 테스트를 받아들이는 것만 보더라도 학생을 주인으로 하는 교육과는 거리가 멀다고 할 수 있다.

그렇다면 교육, 그중에서도 초등학교·중학교 기초교육을 시민의 손에 되돌려주기 위해서는 무엇을 바꿔야 할까? 제도 설계의 기본부터 생각해 보자.

교육의 목적을 바꾼 '교육기본법'의 개정

교육의 목적을 어떻게 설정하는가는 교육행정의 제도 설계 및 운용의 근간과 관계된다. 물론 교육이 학교만을 무대로 이루어지는 것은 아니다. 교육은 말 그대로 해석하면 '가르치고 키운다'는 뜻이지만, 좀 더 넓게 보면 '서로 공부하며 만난다'는 뜻도 된다. 즉, 서로의 인간성을 존중하고 지식을 심화하면서 풍부한 감성을 기르는 한편, 생활인, 나아가 사회인으로서의 규칙을 몸에 익히는 것이라고 할 수 있다.

이러한 공부는 개인의 노력이나 사회 일반에 기대하는 것만으로는 불충분하며 일정한 사회 시스템을 필요로 한다. 이를 제도화한 것이 학교에서

하는 교육이다. 특히 지적으로나 신체적으로 성장 과정에 있는 학생을 대상으로 한 기초교육은 인간으로의 성장에서 갖는 의의가 매우 크다. 그러므로 교육의 목적을 어떻게 설정하는가는 학교와 교육행정의 형태에 중대한 영향을 미친다.

1947년 3월에 제정된 '교육기본법'에서는 "교육은 인격의 완성을 목표로 평화적인 국가와 사회의 형성자로서 진리와 정의를 사랑하고 개인의 가치를 존중하며 노동과 책임을 중히 여기는 자주적 정신에 충만한 심신과 건강한 국민의 육성을 위해 이루어지지 않으면 안 된다"(제1조)라고 규정했다. 당시 '교육기본법'이 내건 이 같은 교육의 목적과 이념은 전쟁의 참화를 몸으로 겪으면서 살아온 시대였던 만큼 광범위하게 수용되어 전후 일본의 발전에 기여했다.

전후 일본의 경제 발전은 그야말로 눈부셨고, 경제대국 의식이 사회적으로 양성되었다. 여기에 그치지 않고 경제대국 일본은 국제사회에서 정치대국, 군사대국이 되지 않으면 안 된다는 정치적 조류의 태동을 강화했다. 이런 조류에 편승한 사람들의 입장에서 보면 당시 '교육기본법'에서 말하는 진리와 정의 탐구, 개인 가치의 존중, 자주적 정신 등은 국가와 사회의 형성자를 육성한다는 측면에서 불필요한 것으로 여겨졌다. 그들에게는 나라에 충성하는 것과 사회 구성원의 일체성이야말로 중시해야 할 요소였다.

제1차 아베 정권이 2006년 12월에 전문을 개정한 현행 '교육기본법'에서는 "교육은 인격의 완성을 목표로 평화적이고 민주적인 국가 및 사회의 형성자로서 필요한 자질을 갖춘 심신이 모두 건강한 국민의 육성을 위해 이루어지지 않으면 안 된다"(제1조)라고 교육의 목적을 규정했다. 언뜻 보면 목적이 비슷한 것처럼 보이지만 국민의 육성을 위해 기대했던 이전 '교육기본법'의 핵심 내용이 전부 삭제되었다.

이뿐 아니라 현행 '교육기본법'은 제2조를 통해 '교육의 목표'를 새롭게 제시하고 있다. 제2조 제5항은 "전통과 문화를 존중하고 이를 길러온 국가와 향토를 사랑하며 다른 나라를 존중해 국제사회의 평화와 발전에 기여하는 태도를 함양한다"라고 규정하고 있다. 조문의 말미는 마치 '첨부'와 같다. 다시 말해 조문의 전반이 말미와 같은 상태로 연결되지 않은 점을 문제시해야 한다.

일반적으로 지금을 국제화 시대라고 이야기하는데 이는 일본과 외국 사이에 사람·물건·돈·정보의 교류가 심화되는 것만을 의미하지는 않는다. 다른 여러 나라가 일본에 요청하는 사항은 일본이라는 나라에 파급되는 데 그치지 않고 지역사회 구석구석에 난제를 안겨주고 있다. 다른 한편으로 지역사회는 여러 민족이 생활하는 사회로 변해가고 있다. 지역사회와 지자체는 내부로부터의 국제화, 즉 언어, 종교, 문화가 다른 인종이 같이 살아가는 구조를 창조해야 하는 과제를 안고 있다. 또 이미 많은 지역 및 지자체가 시도하고 있듯이 외국의 지역 및 지자체와의 직접적인 교류·협력을 통해 상호의 자립과 발전, 지구 차원의 환경 보전, 풀뿌리로부터의 평화 추구를 중시한다. 실제로 지자체는 1980년대 이래 지자체 외교를 통해 기술 교류, 예술 문화 교류, 평화시장회운동과 같은 활동을 전개했다.

지금과 같은 국제화 시대에 걸맞은 인재를 육성하려면 전통과 문화를 중시하고 애국심과 향토애에 불타는 국가와 사회의 형성자에 머물러서는 안 된다. 이를 강조하는 것은 편협한 민족주의를 만들어내는 것밖에 되지 않는다. '교육기본법' 제2조 제5항의 위험성은 바로 여기에 있다.

다각적인 시야를 가진 어린이를 양성해야

교육의 기축에 두어야 할 것은 지역, 국가, 지구촌의 관계성을 균형 있게 가르치고 상호의 중요성을 이해할 수 있는 기초학력과 감성을 함양하는 것이다. 물론 학교교육은 공교육이기 때문에 당연히 일본의 언어, 역사, 문화에 대한 교육과 학습이 중심이다. 이는 일본인에 국한된 것이 아니라 일본에서 지내는 외국인에게도 불가결한 지식이다. 다만, 강조해두고 싶은 것은 이를 다각적인 관점에서 교육하라는 것이다.

예를 들면 일본의 전통과 문화는 외국의 학술, 기예, 종교 등을 어떻게 수용하여 형성되었는가, 외국의 전통 및 문화와 무엇을 공유해야 하며 어떤 점이 다른가 등을 중시해야 한다. 어디에서도 영향받지 않고 형성된 전통과 문화는 있을 수 없다는 사실은 자명하다. 또 일본의 전통과 문화라고 뭉뚱그려 이야기하지만 일본의 전통과 문화에는 전국적으로 공통된 부분 외에 지역적으로 다른 요소도 포함되어 있다. 지역을 초월한 보편적인 전통과 문화는 존재하기 어렵다.

이렇게 본다면 초등학교·중학교 기초교육의 목적은 학생에게 가정적·지역적·경제적 조건에 제약받지 않고 한 인간으로서 사회를 살아나가기 위해 필요한 기초 지식을 습득시키는 한편, 풍부한 감성을 함양하는 데 있다고 할 수 있다. 또 생활인이자 사회인으로서의 최소한의 규칙을 가르쳐 지역사회는 물론 나라 전체, 나아가 국제적인 안목을 가진 인간으로 육성하는 데 있다.

이러한 교육의 목적을 실현하는 기초교육 및 이를 떠받치는 행정 시스템은 명실 공히 지역과 밀착되지 않으면 안 된다. 지역사회에는 다양한 사람이 살고 있으므로 이러한 점을 실감하면서 감성을 키울 수 있다. 또 교원은 물론 지역사회에 사는 사람들이 학습을 지원하므로 이들을 통해 학생은 다각적인 안목을 기르게 된다. 전후 교육개혁이 이념으로 내건 민중 통제는 애초에 지역사회 사람들이 주도하는 교육의 장이자 배움의 장으로서의 지방분권형 시스템을 기초로 성립되었다.

이런 의미에서 기초지자체를 1차적인 책임 주체로 하는 교육행정제도를 창설하고 전국적인 제도와의 조화를 고민하는 것이 중요하다. 그러나 이를 실현하기 위해서는 민중 통제와 지방분권만 강조하는 데 그쳐서는 안 되며 대대적인 사고의 전환이 요구된다.

교과서 무상화는 누구의 승리인가

교육행정에서뿐만 아니라 일본에서는 전체적으로 국가(단적으로 말하자면 행정부)의 책임이 과도하게 강조되는 경향이 있다. 제2장에서 살펴본 교과서의 무상화는 교육이란 무엇인지, 그리고 교육은 어떠해야 하는지를 생각하게 만드는 좋은 소재이다. '일본국헌법' 제26조는 교육을 받을 권리·의무를 규정하면서 "의무교육은 이를 무상으로 한다"라고 정하고 있다. 분명 공립 초등학교·중학교는 수업료를 학부모 등에게서 받지 않는다. 그러나 교과서를 필두로 교재비, 학교 급식비 등 학부모의 부담은 여전히 크다.

1950년대 말부터 사회당, 교직원조합, 각종 교육단체에서는 교육에 불가결한 교과서 무상공급을 요구하는 운동이 일어났다. 그 결과 1962년에 교과서 무상공급이 실현되었다. 교과서 무상공급 자체는 기초교육을 위한 조건 정비이자 국가의 재정 책임을 요구한 것이라 볼 수 있다. 겉으로 보면 운동을 전개한 측에서 승리한 것이다. 그러나 무상화에 난색을 보였던 정부, 즉 문부성으로서는 과연 패배였을까?

사실은 전혀 다르다. 교과서 무상화를 계기로 문부성은 자민당 문교족과 2인 3각이 되어 교과서의 광역채택제를 제도화시키는가 하면, 내용 통일이라는 명분으로 교과서 검정을 강화했다. 특히 1980년대 이후 역사 교과서에는 정치적 의사가 노골적으로 반영되었다. 이로써 문부성은 예산과 인원 증원을 도모할 수 있게 되었다. 결과적으로 문부성은 자신들의 승리라고는 이야기하지 못해도 득의의 미소를 지었을 것이다.

오해를 막기 위해 덧붙이자면, 교과서 무상화에 이의를 제기하는 것은 아니다. 이러한 사태를 앞에 놓고 제기하고 싶은 문제는 교육을 받을 권리의 근간이 어디에 있는가 하는 것이다. 교육에서는 교육 내용의 자기결정권이 주어져야 한다. 교과서의 결정권은 누구에게 있는가? 제2장에서 외국의 사례를 언급했지만 교과서 결정권은 학습 상황을 잘 아는 교원, 학교, 지자체 교육행정에 주어져야 한다. 교과서를 학생에게 무상공급할 것인가 또는 무상대여할 것인가는 교육 내용의 자기결정권에 부수되는 재정책임의 문제이므로 순서가 뒤바뀌면 안 된다.

교과서 무상화와 관련된 문제는 교육의 민중 통제·지방분권이 간과됨으로써 교육의 자기결정권보다는 교육에서 국가의 책임이 전후 일관되게 강조되었음을 보여주는 하나의 전형적인 사례이다. 그 결과가 교과서 내용과 수업 시간을 정할 때 전형적으로 나타나는 초등학교·중학교 기초교육의 획일성이다. 그 책임은 문부성과 이를 받아들이는 도도부현 교육위원회의 지도·조언에 순종하다시피 따르는 시정촌 교육위원회, 그리고 여기에 속한 학교에 있다.

내셔널 미니멈과 내셔널 스탠더드의 엄격한 구분

교육의 민중 통제·지방분권이 교육 내용의 자기결정권을 근간으로 해야 한다는 주장이 설득력을 얻으려면 내셔널 미니멈과 내셔널 스탠더드(national standard)를 엄격하게 구별해야 한다. 내셔널 미니멈은 '엄격히 따라야 하는 최저기준'을, 내셔널 스탠더드는 '일정한 바람직한 표준'을 의미한다. 그런데 기초교육에서 내셔널 미니멈은 모든 학생이 교육을 받을 수 있도록 국가의 재정 책임을 포함한 제도를 보장함으로써 확보될 수 있다.

내셔널 미니멈을 확보하기 위해서는 법률에 따라 학령과 취학 기간을 정하는 동시에 교육을 받을 수 있도록 하는 것이 학부모의 의무이고, 교육을 시행하는 것이 시정촌의 책임이며, 이를 재정적으로 뒷받침하는 것이 국가의 책무라는 점을 명기하지 않으면 안 된다. 이러한 바탕 위에 가르칠 내용에 대한 법적 규정은 교과의 종류, 최저 시간 수, 교과 내용의 골자를 최저 기준으로 정하는 것에 한정되어야 한다. 이외의 사항은 전적으로 내셔널 스탠더드로, 국가(중앙교육행정조직)가 표준을 제시할 수는 있지만 구체적인 내용을 설정하는 것은 지역정부인 지자체의 판단, 즉 민중 통제에 맡겨야 한다.

학습지도요령을 시작으로 문부성이 지도·조언·원조라는 이름하에 지방교육위원회에 통지를 해온 것은 앞서 구분한 바에 따르면 내셔널 스탠더드에 해당한다. 그러나 이런 구분이 엄격하게 이루어지고 있지 않을뿐더러 내셔널 스탠더드를 내셔널 미니멈으로 치환하는 행태가 버젓이 통하고 있다. 이 때문에 학습지도요령이 매우 세세한 데까지 영향을 미쳐 대신의 고시에 지나지 않는 것을 법규로 받아들이기도 한다.

내셔널 미니멈과 내셔널 스탠더드가 엄격히 구분되지 않는 현상은 교육 분야에만 한정되지 않는다. 이러한 현상이 중앙집권형의 행정체제를 존속시키는 기본 요인이라 할 수 있다. 하지만 문제는 장래를 짊어질 학생을 키우는 기초교육에 있다. 따라서 교육행정의 관계자나 연구자뿐 아니라 시민들에게도 내셔널 미니멈과 내셔널 스탠더드를 구분하는 공통 인식이 있어야 한다.

2. 교육의 정치적 중립성

정치적 중립성의 개념

직선의 교육위원으로 구성되는 교육위원회가 발족하는 단계에서는 '교육의 정치적 중립성'과 '교육행정의 정치적 중립성'이라는 두 가지 측면 모두 교육위원회제도에 기대되었다. 교육위원이 다양한 가치관을 가진 사람으로 구성되고 위원회가 명실 공히 최고의 의사결정기관으로 기능하면 전전기의 교육과 같이 특정한 정치적 가치에 따라 교육을 실시할 수 없다.

'교육위원회법'을 폐지하고 '지방교육행정법'을 제정해서 수장에 의한 교육위원의 임명제가 도입된 당시에도 교육의 정치적 중립성은 임명제를 지탱하는 논거였다. 직선의 교육위원으로 구성된 교육위원회는 교직원조합 등 특정 정치세력에 좌지우지되어 교육의 정치적 중립성이 위협받는다는 논리였다. 따라서 교육위원의 정당 소속이나 정치 활동에 일정한 제한을 두고 수장이 임명하는 편이 교육의 정치적 중립성을 수호할 수 있다는 주장이 제기되었다. 실제로도 '지방교육행정법'은 교육위원 정수의 1/2 이상이 동일 정당에 소속되지 못하도록 규제하고 있다.

그런데 제1차 지방분권개혁과 함께 교육위원회제도의 폐지나 임의설치론이 대두되면서 교육의 정치적 중립성 확보가 교육학자를 중심으로 또다시 강하게 제기되고 있다. 독임제의 수장 아래 교육행정을 두면 수장의 정치적 의사에 따라 교육이 좌우되어 교육의 정치적 중립성이 보장되지 않는다는 주장이다. 따라서 직선제 부활, 교육위원 공모제, 교육위원 임명제 유지를 논의하는 과정에서도 수장이 설명책임을 완수하고 의회가 교육위원 후보의 청문과 동의 절차를 거치는 등 교육위원회제도의 존속을 기본으로 한 개혁안이 제기되고 있다. 여기서도 교육의 정치적 중립성과 교육행정의 정치적 중립성을 위해서는 교육위원회의 존치가 필수조건으로 인식된다.

그러나 이러한 일련의 논의가 교육의 정치적 중립성이 무엇인가를 제대로 정리한다고 볼 수는 없다. 교육의 정치적 중립성에서 정치는 정당정치를 의미한다. 즉, 학교 운영이나 교원 인사를 포함해 교육의 내용이 특정 정당에 지배되어서는 안 된다는 것을 뜻한다. 하지만 교육의 정치적 중립성이 반드시 이런 차원에 한정되지는 않는다. 그 본질에 대해서는 계속 논의해나가지 않으면 안 된다.

공교육의 중요한 기능은 국민에게 지식과 교양을 함양시키는 것이다. 따라서 교원이 학교 현장에서 학생에게 특정 정당의 지지를 선동하거나 특정 정당을 반대하도록 요구하는 정치 교육을 해서는 당연히 안 되며, 이는 법률로 금지되어 있다. 하지만 정당정치가 어떤 시스템 아래에서 움직이는지, 그 결과 어떠한 정치 결과가 초래되는지를 교육하는 것까지 교육의 정치적 중립성에서 벗어난다고 볼 수는 없다. 더구나 이런 공민교육을 담당하는 교원은 자유로운 인격체이고 사상과 신념의 자유를 보장받아야 하는 인간이다. 따라서 정당 또는 내각의 변천, 여기에서 파생된 정치를 무미건 조하게 연대(年代)식으로 가르치지 않고 자신의 가치관에 입각해 학생을 이해시키는 것은 당연하다. 그러나 이런 교육을 실시하면 교육의 정치적 중립성에 반한 편향교육이라는 비판을 받기 쉽다. 이런 일은 특히 근현대 역사 교육과 국어 교재 및 그 해설에서 흔히 나타난다.

한편 학교 공식행사에서 국기 게양과 국가 제창은 이를 어긴 교원을 징계처분하는 방식으로 강제된다. 일반적으로 생각하면 이것이야말로 교육의 정치적 중립성에 반한다고 할 수 있다. 하지만 그 배후에는 국가는 무류 (無謬), 즉 국가는 잘못을 범하지 않으므로 이에 의거한 교육은 중립이라는 관념이 자리 잡고 있다. 이런 전통적인 국가무류설에 입각해서 교육의 정치적 중립성을 논한다면 개인의 존엄 또는 사상과 신념의 자유를 중시하는 교육은 대부분 정치적 중립성에 반하게 된다.

개념의 한정과 교육행정의 중립성

이와 같이 교육의 중립성이라는 용어는 많이 사용되고 또 논의되지만 제대로 정의되지는 않고 있다. 군이 정의한다면 교원 인사에 정당정치와 수장의 개입을 배제하고 교과서 내용 및 채택에 정치 개입을 배제하는 것이라고 할 수 있다. 또 교육 현장에서 학생과 교원 개인의 존엄을 최대한 인정하는 것이라고 할 수 있다.

교육행정을 수장 아래에 두면 이런 의미에서 교육의 정치적 중립성이 훼손된다는 논의가 활발하다. 이는 법적인 규제와 함께 공개성을 높이고 각 지자체에서 교육의 분권화를 철저히 실시하면 해결되는 문제이다. 하지만 교육의 정치적 중립성도 명확히 정의되어 있지 않은데, 여기에 교육행정의 정치적 중립성이 교육위원회제도에 의해 보장된다는 식의 논의가 전개되고 있다. 지금까지 논했듯이 '교육위원회법' 시대부터 교육위원회를 실제로 운영한 곳은 사무국이다. 더욱이 문부과학성을 정점으로 해서 지방교육위원회 사무국에 이르는 종적 행정계열이 점차 공고해지고 있다.

그럼에도 교육의 정치적 중립성은 교육위원회에 의해서만 확보된다는 주장이 제기되고 있다. 이 배경에는 일반행정에서 교육행정을 분리·독립하려는 명제가 교육학자 간에 도그마같이 생명을 유지하고 있기 때문이다. 원래 이 명제는 제3장에서 논했듯이 전후 개혁 시 문부성과 내무성 간의 대결에서 문부성이 자립하고 존속하기 위해 필요한 명제였다. 일반행정에서의 독립이라고 말하지만 문부과학상은 관료이고 그 아래 행정조직은 내각 통할하에 있다. 그렇기 때문에 문부과학성은 '자민당 문교국'에 비유되고, 교육 정책은 정당정치와 정권당의 지배에서 벗어나지 못하고 있다. 교육행정의 정치적 중립은 역사적 현실에 입각해서 보면 허구이며 동시에 문부과학성부터 지방교육위원회 사무국에 이르기까지 독립왕국 같은 행정체제를 유지하기 위한 논리일 뿐이다.

교육행정학자 가운데에는 히라하라처럼 "교육행정은 여당에 문부과학성이 예속되는 방향으로 흘러왔고 교육행정의 정치적 중립은 현재 그 존재 기반을 잃고 있다"라고 솔직하게 인정하는 학자도 있다. 그러나 히라하라 역시 교육에 대한 정치 개입을 비판하면서도 종적 행정계열의 철저한 개혁은 언급하지 않는다.

교육을 시민의 손에 되돌리기 위해서는 문부과학성을 정점으로 한 행정기관 간의 관계에서 교육행정을 해방시켜야 한다. 그리고 앞서 논한 내셔널 미니멈과 내셔널 스탠더드를 엄격히 구별해 중앙교육행정조직을 구상함과 동시에 지역사회에서 교육조직을 구상해야 한다.

3. 종적 행정계열을 폐지하기 위한 방안

교원인사권을 시정촌에 이양해야

교육위원회나 학교의 관리자, 교원으로부터 '지역에 열린 학교'라는 말을 자주 듣는다. 그러나 학교교육의 실태를 들여다보면 종적 행정계열에서 전달되는 지도·조언에 충실하고 있다. 종적 행정계열의 문제는 반복해서 지적되고 있지만, 종적 행정계열을 폐지하지 않으면 지역에 열린 학교는 실현되지 않는다. 이를 위해서는 어떤 일부터 착수해야 할까?

몇 가지 착안점이 있으나 가장 중요한 것은 교원인사권의 소재이다. 앞에서 봤듯이 공립 초등학교·중학교 교원의 인사권은 도도부현 교육위원회 또는 정령지정도시 교육위원회에 있다. 하지만 교원의 신분은 시정촌 직원이다. 이와 같은 변칙적인 인사제도는 '지방교육행정법'이 제정되면서 도입되었다. '지방교육행정법'이 제정될 당시 자신은 시정촌에 소속되어 있지만 인사권은 도도부현 교육청의 교육위원회에 있다는 사실을 자각한 교원이 몇 명이나 될까?

가나자와(金沢) 시의 야마데 다모쓰(山出保) 전 시장은 교육위원회에 의한 학생 교육과는 별도로 시장 측이 마련한 교육을 실험한 독특한 인물이었다. 예를 들어 2004년 3월에 특구(特區)로 인정받은 가나자와 시는 학습지도요령에 추가로 '학습지도기준 가나자와 스탠더드'를 만들어 초등학교 3학년부터 영어 과목을 신설해 연간 35시간 수업을 실시하고, 중학교에서는 여기에 35시간을 더한 70시간 수업을 실시했다. 이 수업을 담당하는 교원은 시비로 고용했다. 또 교원들에게는 초등학교 6학년 역사 시간에 학습지도요령에 규정된 '에도(江戶) 막부의 시작'에 추가해 '가가(加賀) 번의 모습'을 가르치도록 했다. 한편 야마데 시장은 교원들의 이목이 현재 근무하는 시립학교와 지역에 향해 있지 않음을 감지하고 시내 초등학교·중학교 교장들을 모아 시장의 손으로 배지를 달아주는 간담회를 가졌다. 물론 이는 시장의 직무명령은 아니었다. 가나자와 시직원으로서 자부심을 가지고 근무하기를 바라는 시장의 희망을 보여주기 위함이었다.

교원의 인사권을 교원의 소속과 일치시켜 시정촌에 이관하는 일은 지역에 열린, 다시 말해 지역에 뿌리내린 교육을 실현한다는 측면에서 매우 중요하다. 도도부현 교육청의 교육위원회가 교원 인사나 교육행정에 시정촌 교육위원회의 상위기관으로서 역할을 수행하고 있음은 재론할 필요도 없다. 하지만 교원의 이목이 도도부현 교육위원회를 향하고 학교 현장이 지도·조언을 쉽게 수용하는 것은 교원인사권을 도도부현 교육위원회가 가지고 있기 때문이다. 도도부현 교육위원회는 도도부현 교육장협의회와 문부과학성 초등·중등교육국 간의 관계에서 봤듯이 종적 행정계열의 중핵으로 자리 잡고 있다. 도도부현 교육위원회가 이와 같은 지위를 유지하는 것은 교원인사권을 쥐고 있기 때문이다.

교육행정에서 지방분권을 실현하기 위한 첫걸음은 교원의 인사권을 기본적으로 시장 휘하의 시정촌에 이관하는 것이다. 그래야만 인사권과 신분이 일체화되어 지역의 시민·학생과 함께하는 교육행정이 실현될 수 있다. 인사권을 도도부현 교육위원회가 쥐고 있는 한 교원에게 자주성과 자립성을 기대하기는 어렵다.

교원인사권 이관의 장점과 단점

물론 교원인사권을 시정촌으로 이관하면 장점도 있지만 단점도 있으므로 현재의 종적 행정계열을 지지하는 사람들은 단점을 강조할 수도 있다. 하지만 장점으로는 다음을 들 수 있다. 첫째, 무엇보다 교원의 이목이 지역과 학교를 향하게 되며, 시민의 관심이 높은 교육을 시민 가까이에서 실시할 수 있다. 둘째, 지역 주민이나 학부모, 학생 나아가 교원의 목소리를 인사이동에 좀 더 구체적으로 반영할 수 있다. 셋째, 교원의 급여체계를 독자적으로 설정해서 우수한 인재를 확보하는 것을 필두로 교원을 유연하게 배치할 수 있다. 한편 단점으로는 다음이 있다. 첫째, 소규모 시정촌에서는 단독으로 교원을 채용하기가 사실상 어렵다. 둘째, 채용, 인사 교류, 연수 등이 어려워져 인사를 정체시키고 교원의 직무에 매너리즘을 가져온다. 셋째, 처우, 재정력, 지역 조건에 따라 특정 도시에 인재가 집중되기 쉽다. 하지만 지역자치에 입각한 교육행정을 실현하기 위해서는 단점을 강조하지 말고 이를 해소하려는 노력과 연구를 거듭해야 한다.

확실히 소규모 시정촌은 말할 것도 없고 중규모 도시에서도 단독으로 교원채용시험을 실시하기란 문제 작성이나 경비 면에서 용이하지 않다. 하지만 이는 정령지정도시나 중핵시와 채용시험을 공동으로 실시하면 해결 가능한 문제이다. 또 시정촌에 채용된 교원이 정년까지 계속 그곳에 근무하는 것은 교육이라는 직무 측면에서 보더라도 반드시 바람직한 일은 아니다. 다른 지자체의 학교나 다른 지역 주민의 사고를 아는 것도 중요하므로 가까운 지자체와 협정 등을 체결해 일정 기간 다른 지자체의 교원과 교류하는 방식을 강구하면 좋을 것이다. 이런 교류를 시정촌 사이에서뿐만 아니라 교원면허가 공통된 중학교 교원과 현립 고등학교 사이에서도 실시하면 교원의 교육 능력 향상을 촉진할 수 있다.

전문직으로서 교원 연수는 내용에 따라 지자체 독자적으로 실시하거나, 가까운 지자체와 공동으로 실시하거나, 부현 전체가 공동으로 실시하는 등 다원적으로 구성할 수 있다. 다만, 전문직으로서 교원 연수를 교과 내용, 학교 경영 등에 국한해 실시해서는 안 된다. 앞에서 기술했듯이 신분과 인사권을 기초지자체로 일체화시킨 다음 다른 지자체와 인사 교류를 통해 다른 지역의 실태를 알게 하는 것 자체가 연수 효과를 거둘 수 있다.

또 지자체의 독자적인 연수에서도 교원 연수와 더불어 다른 부문 직원과의 공동 연수나 주민과 함께하는 연수 등을 적극적으로 실시해야 한다. 지역의 교육은 넓은 의미에서 지역 만들기와 단절되어서는 안 된다. 지역 사회에 어떤 사람들이 살고 있고, 지역의 과제가 무엇인지를 아는 것도 지역에 열린 학교를 만드는 데 기초가 되기 때문이다. 지금까지 교원의 연수 권한을 가진 도도부현 교육위원회나 정령지정도시 교육위원회의 교원 연수는 전문직으로서의 교원을 중시해 지역과 관련된 관점을 도외시했다. 그 결과 당연하게도 학교 또는 학급이라는 폐쇄된 공간에서 학습이나 생활지도력에 중점을 두고 교원 관리를 강화하는 데 국한되었다.

교원인사권을 시정촌으로 이관하는 데 따른 부작용을 강조하는 사람들은 생활이나 급여 면에서 소규모 시정촌에 교원을 지망하는 사람이 없어

결국 대도시로 교원이 집중될 것이라고 지적하기도 한다. 필자도 이런 얘기를 수도 없이 들었다. 그러나 이 말만큼 각 지역 시정촌 교원에게 실례되는 말도 없을 것이다. 동일본대지진 때 괴멸적인 타격을 입은 산리쿠(三陸) 연안의 소규모 시정촌 직원들은 결코 마지못해 그곳에 취직한 사람들이 아니다. 지역 만들기에 대한 열의를 가지고 대학교·고등학교 졸업과 함께 취직했던 것이다. 이 때문에 가족이나 동료 가운데 희생자가 많이 발생했음에도 대지진의 복구와 부흥에 헌신적으로 몰두할 수 있었다.

오히려 도도부현 교육위원회와 정령지정도시 교육위원회가 교원채용시험을 실시함으로써 대도시 또는 중심도시를 지향하는 경향이 생겼다. 도도부현 교육위원회는 지역 내 농산촌부나 도서부에 교원을 배치하기 위해 일정 기간 농산촌부나 도서부에서 근무한 사람은 대도시나 중심시로 이동시키는 보너스제도식의 인사 정책을 실시해야 했다. 처음부터 지자체가 각자 채용시험을 실시한다면 산리쿠 연안의 소규모 시정촌 직원들을 예로 들 것도 없이 지역사회의 교육에 열정을 가진 지망생이 나오기 마련이다. 이렇게 되면 학생이나 주민과의 관계가 깊어져 지역자치에 의한 교육이 열매를 거둘 수 있다.

급여 면, 즉 재정 면에서 격차를 논하는 것은 어떤 의미에서 다른 목적 때문에 일부러 벌이는 논쟁으로밖에 보이지 않는다. 기초교육에서 국가가 재정을 책임지는 것은 당연한 일이다. 현행 제도를 전제로 보더라도 국가가 현에 교직원 급여비 부담금을 지급하는 현재의 제도를 시정촌에 교부금을 지급하는 것으로 바꾸는 동시에 시정촌의 자기부담분을 지방교부세 교부금으로 증액하면 된다. 즉, 교부선을 변경하는 데 지나지 않는다. 또 초등학교·중학교의 시설 정비비 부담금이나 교과마다의 보조금, 앞서 말한 교과서 무상화의 경비 등은 기초교육 일괄 교부금으로 통합해 시정촌의 재량에 맡기면 된다.

내셔널 스탠더드에 충실한 중앙교육행정조직

교원인사권을 학생의 배움의 장인 시정촌에 이관하는 것만으로는 종적 행정계열을 폐지하기에 불충분하다. 내셔널 미니멈과 내셔널 스탠더드를 혼연일체로 만든 지도·조언 행정이 전개될 여지가 남기 때문이다. 이미 살펴봤듯이 중앙교육행정조직의 개혁이 필요하다.

제3장에서 서술한 것처럼 제2차 세계대전 이후 교육의 민주개혁을 단행할 당시 일본 정부 내부에서도 문부성 폐지와 새로운 중앙교육행정조직이 구상되었다. 이 구상이 결실을 맺지 못한 이유는 GHQ가 문부성의 존속을 지시한 것 외에 확실히 알려진 바가 없다. 다만, 이 구상의 목표가 교육에서 정당정치(정권)의 개입을 가능한 한 배제하고 교육의 자유와 민주화를 실현하는 데 있었다는 것은 확실하다. 문부성에서 지방교육위원회에 이르는 관료제적 행정 구조가 완벽히 정착한 오늘날이야말로 패전 직후 제기된 새로운 교육행정조직 구상을 높이 평가할 때이다.

중앙교육행정조직을 개편하기 위해서는 우선 기초교육의 내셔널 미니멈을 법률로 규정해야 한다. 이는 새로운 개별 법률로 제정해도 좋고 '교육기본법'이나 '학교교육법' 개정을 통해 실현해도 좋을 것이다. 어쨌든 기초교육에서 국가의 책임과 지자체의 책임을 간결하게 명시한 내용이어야 한다. 그런 후에 문부과학성 초등·중등교육국을 폐지하고 내각에서 독립성이 높은 행정위원회를 설계하는 방식으로 중앙교육행정조직의 형태를 개

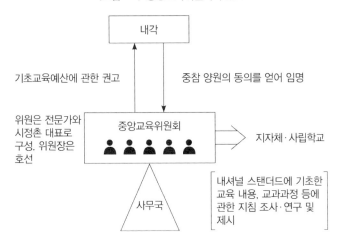

〈그림 5-1〉 중앙교육위원회 구상도

내각

기초교육예산에 관한 권고 　　중참 양원의 동의를 얻어 임명

위원은 전문가와
시정촌 대표로
구성. 위원장은
호선

중앙교육위원회

지자체·사립학교

사무국

내셔널 스탠더드에 기초한
교육 내용, 교과과정 등에
관한 지침 조사·연구 및
제시

편해야 한다. 이 행정위원회(여기서는 편의상 중앙교육위원회라 칭함)의 역할
은 무엇보다 앞서 말한 기초교육에서 내셔널 스탠더드를 조사·연구해서
지침을 제시하는 것이다.

　현재 법적 구속력을 가진 학습지도요령도 당연히 폐지해야 한다. 각 교
과 내용에 표준을 제시할 수는 있지만, 그 표준은 전후 초기의 학습안내서
같은 참고자료 역할에 한정되어야 한다. 중앙교육위원회의 또 다른 역할은
기초교육에 관한 국가의 재정 책임을 확보하기 위해 교육예산에 대한 권고
권을 내각에 적극적으로 행사하는 것이다.

　행정위원회로서의 중앙교육위원회는 양원의 동의를 얻어 5명 정도로 구
성하되, 교육의 형태에 정통한 전문가를 포함해 기초교육을 담당하는 시정
촌 대표로 구성하는 것이 적절하다. 또 중앙교육위원회를 돕기 위한 소규
모의 사무국도 필요하다.

　중앙정부야말로 교육의 정치적 중립성을 확보하고 교육에서 내셔널 미

니멈과 내셔널 스탠더드를 엄격히 구분하기 위해 행정위원회로서 교육위원회가 필요한 조직이다. 중앙교육행정조직을 개혁함과 아울러 도도부현 교육위원회와 시정촌 교육위원회를 해체하고, 정치적 대표성과 정당성을 지닌 수장 아래 학교교육부터 평생교육까지의 교육행정을 통합해야 한다. 지방교육위원회 교육위원의 대표성을 강화해야 한다고 강조하면서 문부과학성의 개혁을 언급하지 않는다면 논리적 일관성이 결여된다. 이런 행정위원회를 마련하는 것은 문부과학성이 고등교육, 학술, 문화, 과학기술 개발 등에서 고차적인 기능을 발휘하는 정책 관청으로 탈바꿈하는 길이다. 기초교육의 교과 내용, 교과서 검정, 학교 시설의 정비, 나아가서는 학교 급식에까지 일일이 개입하는 중앙교육행정조직은 시대에 부응하는 형태가 아니다.

지방분권개혁과 교육행정조직의 자기결정권

지방분권 추진결의가 양원에서 전회 일치로 가결된 것은 1993년 6월이었다. 벌써 20년이 지난 일이다. 지방분권개혁은 그간 일본 정치의 중요한 어젠다이면서도 그때그때 정권에 따라 의미가 복잡하고 다양하게 해석되었다.

지방분권개혁의 목적은 지자체를 지역의 종합적인 정부로 만드는 것이다. 즉, 중앙 성청의 지방기관으로서 지자체가 아니라 지자체의 주인으로 주민이 지역사회의 모습을 스스로 결정하는 정치·행정 시스템을 만드는 것이다. 그런 후에 기초지자체 수준을 넘어선 문제는 기초지자체를 관리하는 광역적인 지방정부가, 나아가 전국적인 해결을 요구하는 문제는 전 국민의 정부인 중앙정부가 담당하는 상승형의 정부체계를 만드는 것을 목표로 했다. 이러한 정부체계를 만드는 기초는 지자체가 지역 문제에 유연하게 대응할 수 있도록 행정조직의 편제에 자치권을 확립하고, 이와 동시에 주민의 정치적 대표기관인 수장과 의회가 행정조직의 활동을 통제하는 것이다. 따라서 법률이나 정령으로 지자체의 행정조직에 의무를 부과해서는 안 된다. 예전에는 도도부현의 행정부국에도 법정 부국제가 시행되었으나 지금은 폐지되었다. 이러한 필치규제 중에서도 으뜸가는 것이 교육위원회이다.

만약 '지방교육행정법'이 교육위원회 설치를 의무화하지 않았다면 지자체가 유사한 교육행정조직을 만들었더라도 앞에서 말한 것처럼 견고한 종적 행정계열이 형성되지는 않았을 것이다. 그러면 각 지역에서 학생과 학부모, 지역 주민, 교원 등의 공동 작업으로 분명 배움의 시스템이 구축되었을 것이다. 지자체가 교육위원회제도를 임의로 선택하도록 하자는 임의선택제의 논거가 여기에 있다.

지방분권개혁의 의의에 비춰보면 교육위원회제도라는 필치규제를 그대로 둔 채 교육위원의 직선제 부활, 교육장의 전문자격화, 교육위원의 연수 등을 통해 교육위원회제도를 활성화하자고 논하는 것은 타당하지 않다. 더구나 지역 시민에게 얼굴은 보이지 않으면서 지역 교육에 실권을 쥐고 있는 도도부현 교육위원회의 존재는 분명 지역 민주주의에 반한다고 할 수 있다.

따라서 교육위원회제도에 관한 필치규제를 폐지하고 지자체 교육행정 부문을 정치적 대표성과 정당성을 가진 수장 산하의 조직으로 통합하는 한편, 교육행정을 의회가 전적으로 통제해야 한다. 물론 그렇다고 교육행정을 단지 수장과 의회의 이원적인 대표제하에 두어야 한다고 주장하는 것은 아니다. 다음 절에 기술하는 것처럼 학생과 의견을 주고받고 지역 주민이 주인이 되는 시스템을 창조하지 않으면 안 된다.

시정촌에 교원인사권 이관, 중앙교육행정조직의 대담한 개혁, 교육위원회에 대한 필치규제 폐지에 따라 종적인 행정계열이 폐지되면 지자체 교육행정과 학생, 교사들에게 교육의 자유가 되돌아갈 수 있다. 이를 실현하기 위해서는 어떤 방법을 강구해야 하는지 살펴보자.

4. 교육위원회를 대신할 시스템 창조

직접 참여 민주주의를 통한 학교 만들기

GHQ가 전후 초기에 새로운 교육행정 시스템으로 도입하려 했던 교육위원회제도는 미국의 교육행정을 모델로 했다. 지금 미국의 교육행정은 주나 도시마다 구체적인 형태가 다르지만 원래 목표는 주민 한 사람 한 사람에 의한 교육의 자기 통치에 기본을 두고 학부모와 학교의 직접적인 관계를 중시하는 데 있다. 즉, 교육에 필요한 과세권을 가진 학교구라는, 특정 목적의 지방정부가 주도하는 교육행정으로 제도화된 것이다. 학교구의 집행기관은 주민의 직접선거로 선출하고, 학교 단위의 학생, 학부모, 교원이 교육을 공동 통치(governance)하는 전통이 여전히 뿌리 깊게 남아 있다. 이런 의미에서 보면 전후 일본의 교육위원회제도는 민중 통제에 의한 교육을 내걸었으면서 전문성을 중시한다는 명분으로 학교의 자기 통치와 전혀 상반된 행정통제, 즉 관료통제의 길을 터놓았다.

종적인 행정계열을 폐지하고 초등학교·중학교 기초교육의 시스템을 구축하려면 무엇보다도 직접 참여 민주주의에 의한 학교 만들기에 중점을 두어야 한다. 즉, 학생, 학부모, 교육 전문가인 교원, 학교라는 조직의 경영책임자인 교장, 그리고 학교를 지원하는 학구 주민의 협동으로 학교를 만들어야 한다. 당연히 이를 위해서는 일정한 조직이 필요하다. 그 명칭은 지자체마다 다양하겠지만 여기서는 학교위원회라고 부르기로 한다.

일본의 초등학교·중학교 기초교육에도 유사한 제도가 있다. '지방교육행정법' 제47조의 5에 규정된 '학교운영협의회에 의한 공동체학교(community school)'이다. 2012년 4월 현재 공동체학교는 초등학교 786개, 중학교 329개, 공립 유치원 55개, 고등학교 6개, 특별지원학교 7개이다. 학교운영협의회가 담당하는 역할은 교장이 작성하는 학교운영방침의 승인, 학교 운영에서 교장과 교육위원회에 의견 제출, 교원 임용에서 도도부현 교육위원회에 의견 제출 등이다. 공동체학교는 시정촌 교육위원회가 지정한다. 또 학교운영협의회의 위원은 시정촌 교육위원회가 임명하는데, 위원은 학부모, 지역 주민, 교육위원회 직원, 교장 등으로 구성된다.

일부에서는 학교운영협의회에 의한 학교 확대야말로 교육의 지역자치라는 의견이 제기되기도 하지만, 학교운영협의회는 교육위원회와 교장에 대한 일종의 자문기관이지 학교 운영에 관한 결정기관은 아니다. 그리고 무엇보다 학교의 주인인 학생을 여전히 교육의 객체로 두고 있다. 즉, 학교운영협의회에 의한 공동체학교는 교육위원회제도의 형해화에 대응해 만들어졌으나 종적인 행정계열에서 분리·독립한 것은 아니다.

학교위원회는 지자체에서 교육행정의 선봉으로 결정권을 가진 조직이

되어야 한다. 교육의 지역자치를 떠맡은 사람들은 물론 학생, 교원, 학교장이지만 지역 주민도 그들만큼 중요한 비중을 차지한다. 교육의 지역자치는 학교구에 거주하는 주민의 지역자치와 상승효과를 거두며 실현된다.

기존의 초등학교·중학교 교원들은 학교라는 시설 밖에서 활동하는 것에 소극적이다. 한편 학교구는 지역 축제, 평생교육, 재생·재활용 등 환경 활동의 단위가 되었다. 학교 간, 나아가 학생 간 경쟁을 촉진해 교육 수준을 높인다는 이유로 학구가 폐지되고 학교선택제가 도입되었다. 그러나 이는 경쟁의 폐해에 더해 지역자치를 붕괴시키고 있다. 하지만 학교위원회는 학구마다 지역 주민을 가입시켜 지역과 유리되지 않은 학교교육을 육성하고, 학교를 거점으로 한 주민의 지역자치를 풍부하게 만들 것이다.

학교위원회의 역할

앞에서 교육의 내셔널 미니멈과 내셔널 스탠더드를 설명하면서 교육 내용에 관한 내셔널 미니멈은 교과의 종류, 최저 수업 시간 수, 교과 내용의 골자를 정하는 것에 한정되고, 이 외는 내셔널 스탠더드라고 말했다. 따라서 학교위원회는 지역의 상세한 상황을 근거로 학교 운영의 기본 목표를 설정하고, 교과 내용의 최저 기준을 어떤 내용으로 구체화할 것인지 결정하는 역할을 담당한다. 학교위원회 내의 전문가인 교장·교원은 학생의 의견을 듣고, 학생의 발달 상황에 부응한다. 또 학부모나 지역 주민의 의문이나 요구사항에 정중하게 답하고, 토의를 거쳐 수업시간이나 교과 내용의 핵심을 보충해간다.

이때 내셔널 스탠더드의 설정에 충실한 중앙교육위원회가 가이드라인을 제시해야 한다. 그러나 이 가이드라인만 참고해서는 안 되며 가나자와 시가 야마데 시장을 중심으로 '학습지도기준 가나자와 스탠더드'를 만들었듯이 시정촌장 산하의 교육 분야에서 각각 '학습지도기준'을 만드는 것이 바람직하다. 그러나 이는 어디까지나 강제력을 지닌 것이 아니기 때문에 학교위원회 스스로 지혜를 모아 이런 사례를 감안해서 시간 수를 설정하고 교과 내용을 충실하게 만들어야 한다.

학교위원회는 이에 더해 지역 실정이나 학생의 관심을 고려하면서 교외 활동 프로그램을 준비하는 등 교육 내용도 연구해야 한다. 쌀농사나 야채 재배, 감귤류 등의 농작업을 지역 주민의 지도를 받아서 체험하거나, 정밀 부품을 만드는 중소제조업이 발달한 도시라면 물품을 제작하는 현장을 방문하는 것도 하나의 방법이다. 동오사카 시의 중소정밀부품 제조업체가 공동으로 개발한 인공위성 마이도 1호는 우주를 꿈꾸는 학생을 매료시킬 것이다. 나아가 전통 공예가 발달한 도시라면 실제 공예를 체험할 수 있다.

이러한 교외 활동의 소재는 각 지역에 넘친다. 교외 활동은 여름학교에서 해도 좋고, 일요학교에서 열어도 좋다. 교외 활동을 활성화하는 것은 학교위원회의 지역 대표에게 학생을 교육하는 즐거움을 선사하는 일과 연결되고, 학교와 지역사회의 연계를 강화해 교육의 지역자치를 발전시킨다.

한편 교육위원회제도를 폐지하고 수장 산하에 교육행정을 두면 수장의 독선이 심해진다는 비판이 뿌리 깊다. 그러나 이런 비판에 편승해 종적 행정계열을 유지할 것이 아니라 지역 수준에서 교육을 공동 통치할 수 있는 완벽한 장치를 만들어야 한다. 이런 제도 조건을 갖추지 못한 결과 수장의 독선이 위험한 수준에 이르렀으며 지금도 일부 수장의 폭주가 눈에 띄는 실정이다.

교과서 선정 및 채택

제2장에서 서술한 바와 같이 교과서의 채택은 극히 집권적이다. 학교에서 실제로 수업을 담당하는 교원이 관여할 여지가 없다. 학교위원회의 중요한 임무는 교과서 내용을 결정하는 데 기초를 두고 교과서를 선정·채택하는 일이다. 교과서의 선정·채택은 교과 내용과 더불어 지역 교육자치의 근간이다. 그러므로 기본적으로 각 학교위원회가 교과서를 선정·채택해야 하지만 소규모 시정촌에서는 각 학교위원회의 의사가 충분히 반영되도록 보장되는 가운데 학교위원회 연합이 교과서를 채택해도 좋을 것이다.

당연한 이야기지만 '무상조치법'과 문부과학성의 교과서 검정은 폐지되어야 한다. 이렇게 말하면 아마도 두 가지 반론이 제기될 수 있다. 하나는, 교과서를 다시 유상화하자는 것인가라는 반박이다. 그러나 이는 지자체에 지원되는 교육 일괄 교부금 중 현행 예산 조치를 조정하면 쉽게 해결될 문제이다. 여기에 대해서는 앞에서 기술한 것처럼 중앙교육위원회가 정부의 예산 조치를 철저히 감독하면 된다. 부언하자면 필자의 자녀가 미국 버지니아 주의 초등학교에 다녔던 경험에서 말하건대 필자는 교과서의 무상공급보다는 무상대여 쪽이 바람직하다고 본다. 몇 가지 이유가 있지만 무엇보다도 무상대여는 다음 학년의 학생에게 교과서를 넘겨주는 것을 전제하기 때문에 물건의 소중함을 자연스럽게 깨닫고 교과서가 세금에 의한 공공재라는 점을 가르칠 수 있다. 이는 환경교육의 일환이기도 하다. 더불어 세금을 쓰는 방법과 그 중요성을 일깨우는 공민교육도 된다.

다른 반론 하나는, 숙달도를 정확히 반영한 교과서가 필요한 만큼 공급될 수 있는가 하는 의문이다. 교과서 회사는 전문가의 조언을 바탕으로 각

지의 학교위원회, 지자체의 학습지도기준, 나아가 중앙교육위원회가 제시한 교과 내용의 표준을 조사해서 교과서를 기획·발행한다. 무상대여든 무상공급이든 간에 시장에서 서적을 판매하는 것처럼 리스크를 지지 않기 때문에 공급량을 걱정할 필요는 없다. 어떤 교과서를 선정·채택하더라도 그 교과서만 교재로 해서 교육이 이루어지는 것은 아니다. 따라서 학교위원회, 특히 교원은 학생이 학습에 관심을 가질 수 있도록 학생 및 지역 주민의 지혜를 빌려 부교재를 다양하게 연구해야 한다.

수장 산하의 교육행정조직

학구 단위의 학교위원회를 기초로 한 교육행정 시스템과 더불어 이를 지자체 전체로 통합해서 운용하는 구조도 마련해야 한다. 학교위원회의 운영 경비, 학교의 시설 정비, 교직원의 인건비를 위시한 교육예산의 관리나 교원의 연수, 채용 등의 인사관리가 필요하기 때문이다. 이러한 조직은 지자체의 정치적 대표기관인 수장 산하에 두어야 한다. 지자체의 정치·행정 제도에 여러 가지 문제가 있긴 하다. 하지만 선거를 통해 정치적 대표성과 정치적 정당성을 가진 수장과 별개로 정치적 정당성이 없는 행정제도를 마련하는 것은 민주주의 정치에서 일탈하는 일이다.

학교교육의 중요성은 아무리 강조해도 지나치지 않지만 학교교육을 다른 행정 분야에서 따로 떼어내면 학교교육의 의의를 등한시하게 될지도 모른다. 본래 학교교육은 지역의 복지, 보건을 비롯한 넓은 의미의 지역 만들기와 밀착되어 있다. 예를 들면 어떤 지자체에서는 교육위원회가 학교 급식비를 내지 못하는 학생에게 급식을 배급하지 않는 일이 아무렇지 않게 일어난다. '학교 급식은 교육'이라고 입버릇처럼 말하는 교육행정이 어떻게 이럴 수 있는지 곱씹는 사람은 필자뿐만이 아닐 것이다.

하지만 뒤집어서 생각해보면 이는 교육과 복지의 상호 관련성이 현행 시스템에서 단절되어 있기 때문이다. 급식 시간에 소외되는 학생이 없도록 하려면 학교 급식비를 낼 수 없는 학부모에게 생활지원을 해야 한다. 학교 급식 권한은 교육위원회에, 생활지원 권한은 수장부국에 나뉜 상황이 수장 산하로 통합되지 않으면 안 된다. 또 앞서 말한 교외 활동도 수장 산하의 행정 분야가 지원해야만 비로소 충실해질 것이다. 이처럼 교육행정에서는 다른 행정(정책·사업) 분야와 종합성이 끊기지 않도록 유의해야 한다. 동시에 수장 산하의 기획·예산 부문도 지역의 학생을 염두에 두고 교육·학습 사업의 입안에 더 많은 관심을 기울여야 한다.

이런 의미에서 교육위원회제도를 폐지하고 수장 산하에 학교 교육행정 부문을 통합하는 것이 필요하다. 하지만 교육행정을 학교위원회에 철저하게 분권화시키면 교육에서 민중 통제가 실현되는 반면 교육의 전문성이 낮아진다고 문제 삼는 사람도 많다. 교육에서 전문성이란 교원 양성 대학에서 배우는 교육학에 대한 전문적 지식이나 기술을 습득하는 데 한정되지 않는다. 지금은 교육학뿐만 아니라 대상을 세분화한 전문적 지식의 유용성에도 광범위하게 의문이 제기되는 시대이다. 특히 초등학교·중학교 기초교육에서는 유연하면서도 폭넓은 관점에서 생각하고 교육하는 전문 지식이 필요하다. 여기서 전문 지식이란 인문과학·자연과학부터 예술·문화에 이르는 지식을 말한다.

따라서 수장 산하의 교육 분야에 예산과 인사관리, 시설관리라는 매니지먼트 기능을 담당하는 조직 외에 다음과 같은 수장 직속의 부속기관 2개

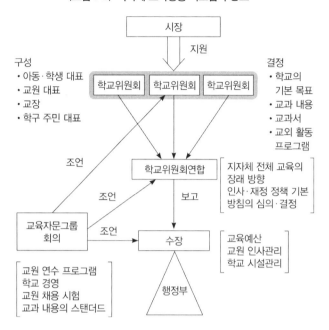

〈그림 5-2〉 지자체 교육행정 시스템 구상도

를 조례에 의거해 설치할 것을 제안한다. 하나는 지자체 기초교육을 책임지고 담당하는 학교위원회 연합조직이다. 이 조직은 지자체 전체의 교육행정과 정책의 장래 방향을 심의하고, 기본 방침을 작성하며, 교원·교장 등의 인사 정책을 심의하는 일을 담당한다. 수장은 학교위원회 연합조직의 심의와 결론을 근거로 지자체의 교육 방향을 작성한다. 그리고 이를 수장의 책무로 각 지역에서 급속히 추진되는 자치기본조례에 명시한다.

　다른 하나는 가칭 교육자문그룹회의라고 부르자. 이 조직은 지자체 전체의 학습지도기준을 만들고, 교원 연수 프로그램을 짜며, 교원 채용 시험의 형태, 학교 경영 등을 수장과 학교위원회 연합조직에 조언하는 기능을 담당한다. 또 학교위원회가 교과 내용을 보충할 때 조언하는 기능도 맡는다. 이 조직은 전문가 집단으로, 좁은 의미의 교육 전문가가 아닌 융합된 분야의 교육에 관심을 가진 전문가로 구성한다. 학교위원회가 교과 내용을 결정할 때 조언을 하는 역할은 어디까지나 학교위원회의 요구에 따라 행해져야 한다. 이러한 교육자문그룹회의는 소규모 지자체에 단독으로 설치하기가 어려우면 지자체 연합조직으로 마련해도 좋을 것이다.

지금까지 교육을 시민의 손에 되돌려주기 위해 필요한 사고의 전환과 지방분권 및 민중 통제에 기초를 둔 새로운 교육행정 시스템에 관해 논했다. 이는 중앙정부에서 초등학교·중학교 기초교육의 현장에 이르는 종적 행정계열을 대신하는 시스템의 설계안이다. 물론 이는 기본 설계에 지나지 않으며 상세 설계는 아니다. 상세 설계는 당연히 지역자치에 따라 이루어져야 하며, 형태가 다양해도 무방하다.

현실에서는 연일 이지메나 학생의 자살이 보도되며, 학생 또는 학교 간 경쟁을 촉진해야 한다는 주장이 제기되기도 한다. 그런데도 정권은 교육의 국가주의를 강조하면서 학교 현장에서 일어나는 병리 현상은 숨기려 한다. 이러한 현실에서 가장 큰 피해자는 자신들의 성장을 저지당하고 있는 학생들이다. 지역자치를 통해 교육 시스템을 상세하게 설계하는 일은 어른들의 책임이자 매우 긴요한 과제라는 사실을 잊지 말아야 한다.

일본의 지역사회와 친밀한 교육 지향

기초교육의 목적은 지역, 국가, 세계와의 관련성을 균형 있게 가르치고 상호 중요성을 이해시키는 기초학력과 감성을 함양하는 데 있다. 따라서 지역사회와 밀접한 교육을 실시해야 한다는 의견이 최근 등장하고 있다. 또 이를 위해서는 교육의 정치적 중립성을 지키기 위해 교육행정이 일반행정과 어느 정도 거리를 두어야 한다는 종래의 고정관념을 깨고 지역사회와 친밀한 열린 학교, 열린 교육을 지향해야 한다는 주장도 제기된다.

그러려면 교육위원회 개혁이 불가피하다. 교육위원회 개혁론은 폐지론, 임의설치론, 근본개혁론 등 크게 세 가지 유형으로 나뉜다. 폐지론은 교육위원회 기능을 지자체의 부국으로 통합해 수장이 종합적인 관점에서 교육문제를 풀어나가자는 입장이다. 임의설치론은 교육위원회 설치 여부를 지자체의 자율적인 판단에 맡기자는 견해이다. 근본개혁론은 교육행정의 중립성을 지키기 위해서는 교육위원회가 필요함을 강조하면서 교육위원회의 역할과 기능을 활성화하자는 견해이다.

일본은 지방분권의 흐름 속에서 시정촌을 우선으로 한 행정개혁이 지속될 것으로 보이며, 수장 중심의 행정 통합성이 강조되고 있기 때문에 교육행정 개혁의 초점도 전문성보다는 주민이 만족하는 교육에 맞춰질 것으로 보인다.

재구조화가 필요한 한국의 지방교육행정체제

교육자치라는 말은 교육행정기관의 자치로 인식되기도 하고 교육 주체의 자치로 인식되기도 한다. 교육자치를 교육 주체의 자치로 보는 관점은 교사 등 교육 주체가 교육행정기관의 획일적인 규제와 간섭에서 독립해 법규의 범위 내에서 자기 책임하에 교육을 실시하는 것을 보장함으로써 교육의 본래 목적을 달성하기 위한 제도로 이해한다. 여기서 교육 주체는 교사는 물론 학생, 학부모로 확대되며 교육은 지역 주민과의 긴밀한 교류와 접촉을 포괄해 이 책의 관점과 일맥상통한다. 이는 결국 기초단위로의 교육자치행정 확대와 학교의 자주성 강화를 통해 실현될 수 있다.

교육 주체의 자치를 실현하려면 시·군에 설치된 지역 교육지원청은 학생, 학부모, 학교 등 현장을 지원하는 기관에 머무르지 말고 기초자치단체와 연계·협력하는 교육자치 기능을 보강해야 한다. 이를 위해서는 임기 보장 등 교육장 인사의 개선 방안을 마련하고, 권한 이양 및 인사권·재정권을 확립해야 한다. 아울러 기초자치단체인 시·군 및 자치구와 긴밀하게 지원·협력하기 위한 협의기구도 활성화해야 한다. 학교의 자주성을 강화하기 위해서는 학교장의 구체적인 권한을 보장하고 학교운영위원회 등 자치조직을 활성화하며 지역사회와 협력 채널을 강구해야 한다.

이러한 점을 종합적으로 고려하여 교육자치와 지방자치를 연계한다는 장기적인 목표하에 단계적으로 지방교육행정체계를 재구조화하는 노력이 필요하다.

후기

　학생 교육은 어느 시대에나 사람들에게 큰 관심을 받았다. 그런 까닭에 교육행정의 기관 구성이나 형태는 정치에서 중요한 과제로 주목받고, 그때 그때 정권에 따라 의사가 반영되는 경향이 있다. 2012년 12월에 출범한 제 2차 아베 정권은 재빨리 교육재생실행회의를 만들어 이지메 문제에 대응하고 교육위원회제도의 개혁에 착수했다. 그러나 정권이 추진하는 교육개혁은 언제나 한 가지 관점을 놓치곤 한다. 바로 학생이 생기 있게 지내는 배움의 터를 만들려는 노력이다.

　본문에도 서술했지만 오쓰 시의 중학생이 이지메를 견디다 못해 자살한 사건에서 단적으로 보듯이 교육위원회제도는 형해화되어 있다. 원고를 탈고한 후에도 마쓰에(松江) 시교육위원회가 『맨발의 겐(はだしのゲン)』(히로시마 원폭으로 가족을 잃은 한 소년의 비참함을 소재로 한 일본 만화 _ 옮긴이)을 학생들의 눈에 띄지 않도록 폐가서고에 옮기도록 지시해서 큰 문제가 되었다. 이 두 사건에서 공통된 사실은 교육위원회라는 행정위원회가 사무국의 지배를 당한다는 점과 교육위원이 본래의 직책을 망각하고 명예직으로 만족한다는 것이다.

　교육의 장에서 자행되는 사무국의 지배는 본문에서 되풀이해서 지적했다시피 중앙에서 지방교육위원회에 이르는 종적 행정계열로 제도화되어 있다. 이것이 교육 현장에 혼란과 황폐를 일으키는 커다란 원인이다. 그러므로 소극적이라는 사회적 비판을 받는 교육위원회를 향해 개혁의 창을 겨누어 교육행정제도 전체를 개혁하지 않으면 안 된다.

실제 중교심은 교육재생실행회의의 제2차 제언에 입각해 수장에게 교육위원회의 권한을 이양하고 자문기관화하는 안, 그리고 수장이 교육장을 임명하며 교육위원회의 권한을 한정하는 안 등을 검토하고 있다. 또 2014년 통상 국회에서는 '지방교육행정법'의 개정 법안이 상정될 것으로 관측된다 (2014년 6월 개정 법안이 통과되어 2015년 4월 1일부터 시행 예정이다. 자세한 내용은 118쪽 참조_옮긴이). 그러나 이러한 안에는 종적 행정계열을 개혁하는 내용이 누락되어 있다. 이렇게 되면 다른 행정 분야와 마찬가지로 종적 할거주의 행정을 강화하거나 수장의 독선적인 교육행정에 길을 열어주는 꼴이 된다. 한편 교육행정학자를 중심으로 현행 교육위원회제도를 지키자는 의견도 꾸준히 제기되고 있다. 그러나 이런 의견은 지자체 수준의 교육위원회를 존속하는 데 한정될 뿐이며, 중앙에서 지자체에 이르는 교육 통제 시스템을 개혁하는 일은 중시하지 않는다.

필자는 종적 행정계열을 기축으로 하는 교육위원회제도를 해체하고 수장 산하에 교육행정을 통합해야 한다는 주장을 줄곧 제기했다. 그러나 이것이 수장의 독선적인 교육행정을 지지한다는 의미는 아니다. 이 책에서는 학교가 지역에서 서로 떠받치는 배움의 터가 되기 위한 교육행정 시스템을 제기했다. 즉, 현행 제도 유지도 아니고 수장의 독선적인 교육행정도 아닌, 제3의 대안이다. 교육위원회제도를 둘러싼 논의가 가열된 가운데 이 책을 통해 새로운 개혁 움직임이 싹트기를 기대한다.

이 책은 구상 단계부터 편집부의 오오야마 미사코(大山美佐子) 씨에게 많은 조언과 도움을 받았다. 감사의 뜻을 표한다.

2013년 10월

신도 무네유키

참고문헌

伊藤正次. 2002. 「教育委員会」. 松下圭一・西尾勝・新藤宗幸 編. 『岩波講座 自治体
　　の 構想4 機構』. 岩波書店.

犬丸置. 2009. 「教育委員会法の廃止」. 東京市政調査会 編. 『地方自治史を掘る』. 東
　　京市政調査会.

大阪教育法研究会. 2013. 『「日の丸・君が代」処分事例集』.

小川正人. 2004. 「「素人」教育委員会と教育長の役割分担の明確化を」. ≪教育展望≫,
　　9月号.

荻原克男. 1996. 『戦後日本の教育行政構造: その形成過程』. 勁草書房.

木田宏. 1956. 「地方教育行政の組織 及び 運営に関する法律の基本理念」. ≪自治研
　　究≫, 第32巻 第7号.

黒崎勲. 1999. 『教育行政学』. 岩波書店.

_____. 2005. 「教育行政制度原理の転換と教育行政学の課題」. 日本教育行政学会
　　編. 『日本教育行政学会年譜 第31号 義務教育学校「存立」の 行政原理を問う』. 教
　　育開発研究所.

国立国会図書館調査立法考査局. 1956. 『地方教育行政法の組織及び運営に関する法
　　律制定をめぐる論調』.

佐藤修司. 2013. 「教育委員会論の争点 ― 廃止・任意設置論と活性化論のはざま」.
　　≪教育≫, 4月号.

新藤宗幸. 1997. 「教育委員会は必要なのか」. 岩波書店編輯部 編. 『教育をどうする』.
　　岩波書店.

_____. 2002. 「教育行政と地方分権化―改革のための論点整理」. 東京市政調査会
編. 『分権改革の新展開に向けて』. 日本評論社.

_____. 2005. 「教育行政に問われる〈「タテ系列」の解体」. ≪都市問題≫, 第96巻 第
4号.

鈴木英一. 1979. 『現代日本の教育法』. 勁草書房.

≪内外教育≫. 2008. 10. 24. 「全国学力テスト結果開示をめぐる動き」. 号時事通信社.

坪井由実. 2005. 「「教育の地方自治」システムとその基本原理」. 日本教育行政学会
編. 『日本教育行政学会年譜 第31号』. 教育開発研究所.

戸沢幾子. 2009. 「「全国学力調査」をめぐる論調」. ≪レファレンス≫, 5月号.

野田正彰. 2002. 『させられる教育―思考途絶する教師たち』. 岩波書店.

平原春好. 1993. 『教育行政学』. 東京大学出版会.

三上昭彦. 2013. 『教育委員会制度論―歴史的動態と〈再生〉の展望』. エイデル研究所.

宗像誠也. 1954. 『教育行政学序説』. 有斐閣.

_____. 1955. 「教育行政の「民主化」と「独立性」―教育委員会制度をめぐって」. ≪都
市問題≫, 第46巻 第5号.

安田隆子. 2007. 「教育委員会―その沿革と今後の改革に向けて」. ≪調査と情報≫,
第566号.

山住正巳. 1982. 「文部省廃止論―教育・文化の自立のために」. ≪世界≫, 11月号.

山出保. 2009. 「子どものための教師, 教育委員会であるために」. 『「都市問題」公開
講座ブックレット16 これでよいのか! 教育委員会』. 東京市政調査会.

지은이 _

신도 무네유키(新藤宗幸)는 가나자와 현에서 태어났다. 주오대학 대학원 법학연구과 석사(修士) 과정 수료 후, 동경시정조사회 연구원으로 근무했다. 그 후 센슈대학 법학부 조교수, 릿쿄대학 법학부 교수, 지바대학 법경학부 교수를 거쳐 현재는 동경도시연구소 이사장으로 재직 중이다. 저서로는 『행정지도(行政指導)』, 『기술관료(技術官僚)』, 『사법관료(司法官僚)』, 『신판 행정이란 무엇인가(新版 行政ってなんだろう)』, 『재정투융자(財政投融資)』, 『정치주도(政治主導)』, 『사법이오! 당신에게도 죄가 있소(司法よ! おまえにも罪がある)』, 『일요일의 자치체학(日曜日の自治体学)』 등 다수가 있다.

옮긴이 _

안재헌(安載憲)은 서울대학교 사회학과를 졸업하고 서울시립대학교 대학원 행정학과에서 박사학위를 받았다. 행정고시 10회(1971년) 출신으로 강릉시장, 내무부 지방재정국장·지방행정국장, 행정자치부 민방위재난통제본부장, 충청북도 행정부지사, 여성부 차관, 충북도립대학 총장, 한국청소년활동진흥원 이사장 등을 역임하고, 현재 대통령 소속 지방자치발전위원회 지방분권분과위원장을 맡고 있다. 저서로는 칼럼집 『변화의 바람』, 『지방분권과 주민자치』가 있고, 역서로 『일본 지방자치단체 거버넌스』가 있다.

한울아카데미 1770

교육위원회, 무엇이 문제인가
일본 교육위원회제도의 변천과 개혁 논의

지은이 | 신도 무네유키
옮긴이 | 안재헌
펴낸이 | 김종수
펴낸곳 | 도서출판 한울

편집책임 | 최규선
편집 | 김진경

초판 1쇄 인쇄 | 2015년 2월 25일
초판 1쇄 발행 | 2015년 3월 5일

주소 | 413-120 경기도 파주시 광인사길 153 한울시소빌딩 3층
전화 | 031-955-0655
팩스 | 031-955-0656
홈페이지 | www.hanulbooks.co.kr
등록번호 | 제406-2003-000051호

Printed in Korea.
ISBN 978-89-460-5770-8 93300(양장)
      978-89-460-4962-8 93300(반양장)

* 책값은 겉표지에 표시되어 있습니다.